clv

Jacob G. Fijnvandraat
Alexander Seibel

Gefährliche Risiken und Nebenwirkungen

Krankenheilungen in der »Charismatischen Bewegung«

dⱂⱽ

Christliche
Literatur-Verbreitung e. V.
Postfach 11 01 35 · 33661 Bielefeld

1. Auflage 2008

© der deutschen Ausgabe 2008 by
CLV · Christliche Literatur-Verbreitung
Postfach 11 01 35 · 33661 Bielefeld
CLV im Internet: www.clv.de

Übersetzung der Rezension von J. G. Fijnvandraat: Heiko Remmers
(Verwendung mit freundlicher Genehmigung von www.soundwords.de)
Satz: CLV
Umschlag: Lucian Binder, Marienheide
Druck und Bindung: CPI – Ebner & Spiegel, Ulm

ISBN 978-3-86699-204-7

Inhalt

Vorwort

Dieses Buch ist in erster Linie eine ausführliche Rezension der Veröffentlichung von W.J. Ouweneel: Geneest de zieken!, Uitgeverij Medema, 2003 (Heilt die Kranken!, Asaph-Verlag, 2005). Darüber hinaus kann es hilfreich sein zu lesen, um zu einer ausgewogenen Beurteilung der gegenwärtig sich rasch ausbreitenden »Heilungs«-Welle durch die charismatische Bewegung zu finden.

Ouweneel beschreibt in seinem Buch, dass er vor allem unter dem Einfluss des nigerianischen »Propheten« und »Wunderheilers« T.B. Joshua seine Haltung zu Wunderheilungen grundlegend revidiert hat. Das Buch wurde auch an dem Wohnort T.B. Joshuas in Nigeria und damit nach Ouweneel »unter dem besonderen Segen, der auf diesem Ort ruht« geschrieben.[1]

Wenn man die früheren Schriften und Vorträge Ouweneels kennt, reibt man sich beim Lesen von »Heilt die Kranken!« verwundert die Augen. In seinem 1978 erschienenen Buch »Het domein van de slang« (»Der Herrschaftsbereich der Schlange«) äußerte er sich folgendermaßen: »Also, was die Lehre betrifft, haben wir gesehen, dass die Zeit besonderer Zeichen vorbei ist, ja, dass wir in der Endzeit besondere Zeichen von Satan zu erwarten haben, die so listig getarnt und vorgetragen werden, dass, wenn möglich, selbst viele Gläubige dadurch verführt werden. Das macht uns im Voraus schon äußerst argwöhnisch gegen das Auftreten von Gebetsheilern im christlichen Bereich, namentlich in massenhaften Gebetszusammenkünften.«[2] Wer hätte damals gedacht, dass ebendieser Autor im Jahre 2008 (und auch vorher schon) in öffentlichen Versammlungen unter dem Thema »Ziekensalving« (»Krankensalbung«) und »Hersteldienst en Genezings-

---

1   Ouweneel, Heilt die Kranken, S. 15.
2   Ouweneel, Het Domein van de slang, Christelijk handboek over occultisme en mysticisme, Amsterdam: Buijten & Schipperheijn 1978, S. 288.

zamenkomst« (»Heilungs- und Genesungszusammenkunft«) als Wunderheiler auftreten würde?[3]

Bereits in seinem Buch »Godsverlichting« (1994; »Gottes-erleuchtung«) unterschied er zwischen »extremen und gemäßigten Pfingst- und Evangeliumsgemeinden« und betonte diesen Unterschied stark (»Ich lege großen Nachdruck auf das Wort ›extrem‹.«).[4] Er schrieb positiv über die »lebendige, frische, kräftige, zeitgemäße Predigt«[5] und über die »zeitgemäße Form von Gesang und Musik« und eine »völlig unkonventionelle Form des Gottesdienstes«. Dann fügte er noch hinzu, dass es zwischen extremen und gemäßigten Pfingstgemeinden fließende Übergänge gibt, »sodass es oft schwierig ist, hier gut zu unterscheiden«. Damals war die Unterscheidung zwischen beiden Varianten noch von großer Bedeutung.

In »Heilt die Kranken!« beschreibt er dann seine Wandlung vom Kritiker zu einem Befürworter und Akteur der charismatischen Heilungs- und Befreiungsbewegung. Dabei werden selbst höchst zwielichtige Personen aus dieser Bewegung von ihm in den höchsten Tönen gelobt. Um zwei Beispiele zu nennen: Die umstrittene »Heilungs-Evangelistin« Kathryn Kuhlmann wird zu einer der »größten Heilungsdienerinnen des 20. Jahrhunderts« ernannt.[6] Der Irrlehrer William Branham steht ebenfalls in dieser »Galerie« der Heilungsdiener und wird in einem Zitat als »Mann Gottes« bezeichnet (S. 171).

Alexander Seibel beleuchtet im ersten Teil des Buches die vielen Wunderheiler, die aus Ouweneels Sicht einen biblischen »Heilungsdienst« ausüben, etwas genauer.

Nun muss es nicht negativ sein, wenn jemand sich selbst und seine Überzeugungen infrage stellt und seine Meinung gegebenenfalls ändert. Zumindest sollte man jedoch – vor allem in diesem heiklen und umstrittenen Bereich – gute Argumente aus der

---

3   Siehe http://www.vergadering.nu/ unter agenda.
4   Ouweneel, Godsverlichting, De evocatie van de verduisterde God – een weg tot spiritualiteit en gemeenteopbouw, Buijten & Schipperheijn, 1994, S. 78.
5   Ouweneel 1994, S. 78.
6   Ouweneel, Heilt die Kranken, S. 22.

Heiligen Schrift haben. Hat Ouweneel diese wirklich? Um diese Frage geht es im zweiten Teil. Jaap Fijnvandraat, der selber viele Jahre mit Ouweneel zusammenarbeitete, geht die einzelnen Kapitel durch und prüft die theologischen Begründungen anhand der Heiligen Schrift.

Die Thematik der Zeichen und Wunder ist nicht der einzige Bereich geblieben, in dem Ouweneel eine Kehrtwendung vollzogen hat. Andere sind vielleicht in noch viel offensichtlicherer Weise besorgniserregend. Seine Entwicklung in Bezug auf Zeichen und Wunder scheint in diese allgemeine Entwicklung eingebettet zu sein und damit in Wechselwirkung zu stehen. Allgemein scheint bei dem Autor eine gewisse Hinwendung zum Mystizismus, zu Träumen und zum intuitiven Erfassen stattgefunden zu haben. Ich kann hier nur zwei Beispiele andeuten und ansonsten auf die entsprechende Literatur verweisen.[7]

Am deutlichsten lässt sich dies vielleicht an seiner veränderten Sicht von C.G. Jung veranschaulichen. 1978 schrieb er: »Waren Darwin und Freud wahrscheinlich okkult belastet, Jung war ein Okkultist – das geht wesentlich weiter«[8], und warnte überaus deutlich vor dem Einfluss Jungs, der seiner Ansicht »im Bann eines Dämons« war und »von einer höheren Macht getrieben wurde«.

Nachdem er bereits in »Nachtboek van de ziel« (»Nachtbuch der Seele«) einige Anleihen bei Jung machte, ist seine Sicht in dem Buch »De negende koning« (»Der neunte König«) merkwürdig verändert. In dem Kapitel über »Mythologie und Tiefenpsychologie« scheint es so, dass Ouweneel eine Menge von C.G. Jung übernommen hat, ja, er schreibt sogar von einer »wichtigen Inspiration«, die er in Jungs Denken entdeckt zu haben glaubte, und fügte hinzu, dass »man wohl noch mehr durch Jung lernen kann, wenn man seine synkretistischen Gedanken nur konsequent in einem

---

7   Offener Brief von Andreas Steinmeister an W.J. Ouweneel in: http://www.bibelkreis.ch/themen/wjoast.htm; R. van der Ven, *Sluiers over de Schrift: Uitkomen in een andere wereld?* Doorn: Stichting Johannes Multimedia, 2006.
8   Ouweneel, 1978, S. 63.

christlichen Denkkader interpretiert«.[9] Werden hier bereits die Folgen einer verhängnisvollen Weichenstellung erkennbar?

Noch bedenklicher finde ich seine veränderte Sicht zur Inspiration der Heiligen Schrift. Bis zur Mitte der 80-er Jahre des vorigen Jahrhunderts war Ouweneel ein feuriger Verfechter der Unfehlbarkeit der Heiligen Schrift: »Die historische und wissenschaftliche Glaubwürdigkeit der Bibel: Wir haben oben kurz über vermeintliche Fehler und Widersprüche in der Bibel gesprochen und darauf hingewiesen, dass die meisten ganz einfach zu erklären sind. ... Die Bibel spricht über die Natur, über Pflanzen (obwohl in überwissenschaftlicher Sprache) den Tatsachen entsprechend. ... Die Bibel unterscheidet sich von allen religiösen Büchern der Welt dadurch, dass sie das unfehlbare, autoritative und inspirierte Wort Gottes ist!« (So entstand die Bibel, S. 138f.).[10] Damit wird die Heilige Schrift aufgrund der göttlichen Inspiration als fehlerlos erklärt.

Ab 1987 veränderte sich die Sicht Ouweneels. Er schloss die Möglichkeit von Fehlern in der Urschrift der Bibel nicht mehr aus. Diese möglichen Fehler würden sich allerdings nur auf das innerzeitliche Wort beziehen, während das ewige Wort, das über alle Sprache und Ausdrucksmittel hinausgeht, vertrauenswürdig sei. Hier findet eine merkwürdige Aufspaltung statt, indem der rationale, wissenschaftlich nachprüfbare Gehalt der Bibel von dem glaubensmäßig erfassbaren, über-rationalen Inhalt unterschieden wird. In der Formulierung Ouweneels hört sich das so an: »Wir wollen ein Beispiel aus dem Bereich nehmen, wo gerade das Herz der Theologie zur Diskussion steht, die Frage nach der ›Fehlerlosigkeit‹ der Schrift. Es ist für den christlichen Glauben überdeutlich, dass die Schrift für sich selbst in Anspruch nimmt, das vollkommene, autoritative Wort Gottes zu sein, das gerade, weil es durch Gott inspiriert ist, keine Fehler aufweisen

---

9 Ouweneel, De negende Koning: Het laatste van de hemelrijken: De triompf van Christus over de machten, Leiden: Barnabas 1996, S. 305, zitiert in Steinmeister, op. cit.
10 In: Glashouwer, So entstand die Bibel, Bielefeld, CLV, niederländisch 1979, deutsch 1987, S. 138ff.

kann. Der Gläubige, der sich ganz und gar der Schrift unterwerfen will, weil sie Gottes Wort ist, wird dann auch *gläubig* festhalten an der Fehlerlosigkeit der Schrift. Aber die theologische, wissenschaftliche Lehre bezüglich der Fehlerlosigkeit steht nicht auf einer Linie mit dem gläubigen Bekennen der Fehlerlosigkeit der Schrift. In der Lehre probiert der Theologe auf wissenschaftlich zu verantwortende Weise, sich Rechenschaft davon zu geben, was wir nun eigentlich wohl und nicht meinen, wenn wir die Fehlerlosigkeit der Schrift bekennen. Dieses Glaubensbekenntnis ist eine Sache der Glaubensfunktion des wiedergeborenen Herzens des Menschen, dass – wiewohl der Glaube menschlich-gebrechlich ist – gefangen ist in dem glücklichen Griff des niemals fehlenden Wortes Gottes. Aber die wissenschaftliche Analyse dieser Fehlerlosigkeit, mit dem Ziel u.a. diese Glaubensauffassung in die Form eines wissenschaftlich-theologischen Dogmas zu gießen, ist eine Sache des menschlichen Verstandes, und das ist ›nur‹ eine von den anderen fehlbaren Funktionen, die vom menschlichen Herzen ausgehen.«[11]

Nun könnte die Frage aufkommen, warum ein ganzes Buch erscheint, um eine Veröffentlichung zu rezensieren, die zudem bereits vor 5 Jahren in Niederländisch und vor 3 Jahren in Deutsch erschienen ist. Die beiden Teile dieses Buches von Alexander Seibel und Jaap Fijnvandraat existieren schon länger und wurden auf den Homepages der beiden Autoren veröffentlicht.[12] Die deutsche Übersetzung der Rezension von Fijnvandraat ist seit 2006 im Internet zu lesen.[13] Dennoch erschien uns wichtig, eine gründliche Auseinandersetzung mit den Thesen Ouweneels über Krankenheilungen auch in Buchform zu publizieren. Ouweneel gehörte nach meinem Dafürhalten zu den größten zeitgenössischen Lehrbegabungen der Brüderbewegung. Im CLV-Verlag wurden verschiedene Bücher von ihm veröffentlicht. In meinen jungen Jahren

---

11 Ouweneel, Woord en wetenschap – Wetenschapsbeoefening aan de Evangelische Hogeschool, Amsterdam: Buijten & Schipperheijn, 1987, S. 61, zitiert in Steinmeister, op. cit.

12 http://www.alexanderseibel.de/ und http://www.jaapfijnvandraat.nl/.

13 http://www.soundwords.de/artikel.asp?suchbegriff=&id=1391.

habe ich seine Bücher und Vorträge verschlungen. In meiner Gedankenwelt habe ich ihn manchmal mit dem König Salomo verglichen, der auf jedes Rätsel eine Antwort (1Kö 10,1-2) und zu jedem Strauch und zu jeder (Tau-)Fliege einen klugen Spruch wusste (1Kö 4,33). Doch die gewaltige intellektuelle Kapazität Salomos hat ihn nicht davor bewahrt, von der Nachfolge des Herrn abzuweichen (1Kö 11,4). Viele Geschwister machen sich mit uns ernsthafte Sorgen um den geistlichen Kurs Ouweneels. Es wird nur wenige Zeitgenossen geben, die an das Bibelwissen, die nahezu enzyklopädische Allgemeinbildung und die intellektuelle und rhetorische Brillanz Ouweneels heranreichen. Dennoch machen die leicht verständlichen Ausführungen Seibels und Fijnvandraats deutlich, dass Ouweneel sich in seinem Buch auf ein erschreckend sumpfiges Gebiet begibt. Insofern ist die Rezension auch eine ernst zu nehmende Warnung an jeden Christen: Wenn schon ein über die Maßen kluger Mann wie Salomo und ein bibelgelehrter Mann wie Ouweneel nicht davor gefeit waren oder sind, sich in schwerwiegende Irrtümer zu verstricken, wie demütig und wachsam sollten wir dann vor Gott leben in dem Bewusstsein, ganz auf seine Gnade angewiesen zu sein. Wir sollten dieses Gebet zu unserem eigenen machen: »Weise mir, Herr, deinen Weg, damit ich wandle in deiner Wahrheit. Richte mein Herz auf das Eine, dass ich deinen Namen fürchte« (Ps 86,11).

Gerrit Alberts

Stellungnahme von Alexander Seibel

(Die Zitate aus dem Buch »Heilt die Kranken!« sind in Anführungszeichen mit Seitenangabe gesetzt.)

Selten hat mich ein Buch so bewegt, um nicht zu sagen erschüttert, wie das von W.J. Ouweneel. Er ist ein Mann, von dem ich manches lernen durfte und der mir in vielem eine Hilfe war, gerade auch im Zusammenhang mit den endzeitlichen Strömungen der Verführung durch Zeichen und Wunder. Er schreibt nun Dinge, die ich nicht glauben würde, hätte ich es nicht schwarz auf weiß in diesem umfassenden Werk gelesen.

Der Autor erklärt, sein Buch sei nicht charismatisch (S. 16). Diese Aussage erstaunt und ich fürchte, er ist da einem Wunschdenken erlegen, denn in Zitierung und streckenweiser Empfehlung der bizarrsten Pfingstheiler ist es sogar extrem charismatisch.

Er bestätigt, dass in der Bibel öfter vom Erfülltsein mit dem Geist berichtet wird, ohne dass Zungenreden erwähnt wird. Insofern ist die Feststellung bemerkenswert: »Doch muss ich hier hinzufügen: Soweit ich weiß, sprechen Gläubige, die einen effektiven Heilungs- und Befreiungsdienst haben, **sämtlich** in Zungen – und das hat doch etwas zu sagen!« (S. 18). Allerdings hat das viel zu sagen, aber womöglich nicht unbedingt so, wie es der Autor verstanden haben will.

Zunächst sei ausdrücklich festgehalten, dass kein vernünftiger Christ bezweifeln wird, dass Gott heute noch heilen kann. Das Problem ist nicht die Heilung an sich, Probleme ergeben sich mit den sogenannten »Heilungsdienern« bzw. dem Heilungsauftrag.

Eine Ernüchterung für mich war Ouweneels Schilderung von **Kathryn Kuhlman** als einer »der größten Heilungsdienerinnen des zwanzigsten Jahrhunderts« (S. 22).

Hier muss man sich allen Ernstes fragen, was mit dem Autor passiert ist, dass er solch eine dubiose Gestalt als eine Art »Kronzeugin« zitiert. Diese Frau hatte eine besondere »Begabung«, die

Unwahrhaftigkeit zu verbreiten. *Es war für sie ein besonderes Vergnügen, wenn sie die Presse hereinlegen konnte ... Sie hatte, obwohl bereits sterbenskrank, den Arzt in Bezug auf ihr Alter angeschwindelt. Bis zu ihrem Ende blieb dieser Stolz bestimmend in ihrem Leben ...*[1] *Das war ein unerklärlicher Zug an ihr, den sie bis zu ihrem Tod beibehielt. Selbst als sie schon Endsechzigerin war, bestand sie noch darauf, dass ihr Radioansager sie mit den Worten ankündigte:* »*Und nun Kathryn Kuhlman, die junge Frau, auf die sie alle gewartet haben.*« *... Kathryn war eine Einzelgängerin. Sie lehnte jeglichen Rat ihrer Freunde ab. Unterordnung war ihr etwas Fremdes, besonders wenn es sich um einen Mann oder um eine Gruppe von Männern handelte, denen sie sich unterordnen sollte.*[2]

Gravierender ist die Tatsache, dass sie wegen ihrer zerbrochenen Ehe mit dem geschiedenen Pfingstprediger Burroughs Waltrip ihre Umwelt einfach anlog. *Als sie von Robert Hoyt vom Akroner* »*Beacon Journal*« *interviewt wurde, leugnete sie, jemals verheiratet gewesen zu sein.* »*Wir waren nie verheiratet. Ich habe nie ein Ehegelübde abgelegt.*« *... Drohend erhob sie den Finger und schrie den Reporter an:* »*Das ist die Wahrheit, so wahr mir Gott hilft.*« [3]

Auch musste sich alles um sie drehen: *Sie bestand darauf, dass sie im Mittelpunkt stand ... Als sie starb, hingen in ihrem Erdgeschoss 75 Kanzelgewänder sowie eine große Anzahl Bühnenkleider für ihre Fernsehauftritte – jedes einzelne im Wert von mehreren hundert Dollar. ... Trotzdem liebte sie ihre teuren Kleider, ihre wertvollen Juwelen, die Luxushotels und das Reisen in der ersten Klasse. ..., während sie sich ... den Luxus einer Königin gönnte.*[4]

Diese Merkmale sind ziemlich das Gegenteil der Eigenschaften, die wir bei unserem Herrn und seinen Aposteln finden. Gemäß Epheser 5,21 sollte Unterordnung ein prägendes Kennzeichen des Christen sein. Während Paulus noch sagen konnte: »Als die Armen, aber die doch viele reich machen« (2Kor 6,10), kann man von diesen »Heilungsdienern« sagen: »Als die Reichen, die doch viele arm machen.«

---

1   Jamie Buckingham, *Kathryn Kuhlman*, Verlag Johannes Fix, 1979, S. 16.
2   Ibid., S. 83 u. 85.
3   Ibid., S. 132.
4   Ibid., S. 219 u. 243-244.

Zwar zitiert Ouweneel auch kritische Bemerkungen von John Wimber zu ihrem Showgehabe (S. 46), doch später wird Frau Kuhlman wiederum als eine Art Autorität des Heilungsdienstes angeführt. Sie dient dem Autor als besonders eindrückliches Beispiel für physische Manifestationen der angeblichen Heilungskraft (S. 254).

Nun erklärt Ouweneel mehr als deutlich, man erkenne an der Frucht, welcher Geist am Wirken ist: »Es mag uns sehr überraschen, dass es Propheten gibt, die im Namen Jesu geweissagt und in seinem Namen böse Geister ausgetrieben haben und dennoch vom Herrn verworfen werden. Wie verwirrend für Gottes Volk! Jesus gibt aber ein einfaches Kriterium, um solche zu entlarven: ›An ihren Früchten sollt ihr sie erkennen‹ (Mt 7,16-23). Welche Gesinnung weisen sie auf? Schau niemals auf die Zeichen als solche, selbst wenn sie sehr beeindruckend sind, ja, selbst wenn sie im Namen Jesu getan werden. *Schau auf die Früchte*« (S. 184).

Doch ein Großteil seines Buches widerspricht offenbar genau dieser Aussage, z.B. das Verhalten der eben erwähnten Heilungsevangelistin Kathryn Kuhlman. Wie man einerseits »voll« Geistes sein soll, gleichzeitig aber ständig eine Show abzieht und die Leute belügt, bleibt eine unbeantwortete Frage.

Es erinnert vielmehr an den Lügengeist, den Gott zum Gericht über das Haus Ahabs losschickte. Damals weissagten 400 Propheten einmütig (1Kö 22,22). Um genau solch einen Geist handelt es sich meiner Einsicht nach auch bei der gegenwärtigen Heilungs- und Prophetenbewegung. Ein von Gott gesandter Geist der »Prophetie« zum Gericht (2Thes 2,11) breitet sich vor unseren Augen (Mt 24,11), und nicht zuletzt dank dieses Buches, aus. Auch erklärt uns die Bibel, dass das Gericht am Hause Gottes anfängt (1Petr 4,17).

Noch deutlicher wird dies bei dem Mann, der ganz offiziell das Erbe von Kathryn Kuhlman zu vollstrecken behauptet und bei einem Gottesdienst von ihr in Jerusalem die erste Begegnung mit diesem Geist hatte: **Benny Hinn**. Er rühmt sich, dass ihm Kathryn Kuhlman, lange nach ihrem Tod 1976, öfter in Träumen und Visionen erschienen ist. »*Bete! Bitte Gott, dir einen Heilungs-*

dienst zu geben, der die Welt erfassen wird!« Und plötzlich hörte ich die Stimme Kathryn Kuhlmans. ... Und sie mit ihrem bezaubernden Lächeln, die Art, wie sie sagte: »Bitte! *Wir warten darauf, dass du bittest! Wir beten mit dir, dass du fragst.«* Und dann verschwand die Vision. Und plötzlich sagte ich: »Herr!«, und ich fragte. Eine Woche später traf mein Leben die Salbung.[5] Deswegen heißt auch ein Abschnitt in diesem Buch über Benny Hinn: »Seine Verstrickung mit Totenbeschwörung«.

Dieses Beispiel ist symptomatisch für die weiteren Zeugen, die Ouweneel für die Effizienz des Heilungsdienstes anführt. Sie erinnern mehr an spiritistische Medien als an Werkzeuge des lebendigen Gottes. So zitiert der Autor selber, wie Benny Hinn als Elfjähriger eine Vision von Jesus hatte: »Plötzlich ging eine fremdartige Empfindung durch meinen Körper hindurch, die ich nur als ›elektrisch‹ beschreiben kann. Ich fühlte mich, als ob mich jemand unter Strom gesetzt hätte. Das vermittelte mir ein Gefühl, als ob eine Million Nadeln in mir stachen. ...« (S. 300).

Dabei hat Benny Hinn ganz offen zugegeben, dass er Verbindung mit Toten aufnimmt. Er besucht regelmäßig das Grab von Kathryn Kuhlman, deren »Mantel er aufgegriffen hat«. In einer Predigt am 7. April 1991 enthüllte er, dass er auch hin und wieder das Grab von Amerikas berühmtester Pfingstheilerin, Aimee Mc-Pherson, besucht. Dort empfing er auch eine besondere »Kraftausrüstung«. Hinn wörtlich: *»Ich fühlte eine unglaubliche Salbung ... Ich zitterte am ganzen Leib ... zitterte unter der Kraft Gottes ... ›Oh Gott‹, sagte ich, ›ich fühle die Salbung‹ ... Ich glaube, die Salbung schwebte über Aimees Körper.«*[6]

Kein Wunder, dass er solche Phänomene an sich erfährt. Ausgerechnet dieser Benny Hinn wird als Beleg für authentisches »Fallen im Geist« in diesem Buch angeführt (S. 306). Der Mann, der so »wahrhaftig« ist, dass er gleich drei verschiedene Zeitpunkte seiner angeblichen Bekehrung angibt.[7]

---

5   G. Richard Fischer and M. Kurt Goedelman, *The Confusing World of Benny Hinn*, Personal Freedom Outreach, 1999, S. 196.

6   Dave Hunt, CIB Bulletin, Jan. 1992, Bd. 8, Nr. 1.

7   The Berean Call, März 1997.

Wer war nun **Aimee Semple McPherson** (1890-1944), von der Kathryn Kuhlman die Techniken lernte, wie man Leute im »Geist erschlägt«, und die in dem Buch von Ouweneel auf S. 224 als Heilungsdienerin erwähnt wird? Sie ist Gründerin der schnell wachsenden »International Church of the Foursquare Gospel«. Kurt Hutten schreibt über diese außergewöhnliche Frau: *Kein Wunder, dass ihre Anhängerschaft rasch wuchs und ihr blind ergeben war. Auch verschiedene Affären – eine zweite und dritte Ehe, die bald wieder geschieden wurde, mancherlei Seitensprünge sowie »Familienstreitigkeiten, Prozesse, angebliche Kindesentführung« usw. – konnten sie nicht irremachen. Ja, Aimee beschrieb selbst ihre Liebesaffären und ihre göttlichen Führungen in einer Artikelserie, die sie in einer auflagenstarken Tageszeitung veröffentlichte.*[8] In der Tat, an der Frucht erkennt man den Baum!

Sogar konservative Pfingstler plädierten dafür, *Benny Hinn als das zu enttarnen, was er ist, nämlich als einen Scharlatan und Betrüger.*[9] Ouweneels Buch gibt diesen schlimmen Verführern und Täuschern einen gelungenen Freibrief in die Hand, ein Feigenblatt, das, so ist zu befürchten, einem Wunschdenken entspricht.

Auch zitiert Ouweneel den Inder **Dhinakaran** und bezeichnet ihn als außergewöhnlich segensreichen Heilungsdiener (S. 224). Nun, in Indien hat man mir wegen dieses Mannes das genaue Gegenteil geklagt. Ein führender Evangelikaler klagte in einem privaten Gespräch über die Unwahrhaftigkeit dieses »Heilungsdieners«. Während er bei seinen Feldzügen vorgab, andere zu heilen, flog er selber in die USA, um sich eine Niere transplantieren zu lassen. Auch hat er ähnliche Phänomene bzw. Überzeugungen wie Benny Hinn: *Unlängst, als ich den Irak besuchte, wurde ich zu dem Grab gebracht, von dem man annimmt, dass dort der Prophet Daniel beerdigt ist. Ich sah eine Moschee darüber errichtet. Voll Erstaunen hörte ich, was der Aufseher dort zu sagen hatte. Er erzählte, jedes Mal, wenn man die Besessenen dorthin für »namaz« (Gebete) brachte, würden die Teufel kreischen und aus diesen Leuten fahren. Ich fragte mich, ob*

---

8 Hutten, *Seher Grübler Enthusiasten*, Quell Verlag Stuttgart, 1982, S. 307.
9 Contending earnestly for the faith, CETF, März 2005, S. 21.

der außergewöhnliche Geist von Daniel noch immer dort schwebte, sogar Jahrhunderte nach seinem Tode. Wie sehr ehrt doch Gott seinen Knecht Daniel sogar heute noch.[10] Ouweneel berichtet von Dhinakaran, wie er sich an T.B. Joshua in Nigeria wandte, um geheilt zu werden.

Ouweneels großer Mentor ist anscheinend der selbst unter Pfingstlern umstrittene **T.B. Joshua**, unter dessen Handauflegung offensichtlich ein Paradigmenwechsel stattgefunden hat; und man muss leider feststellen, dass dieser einst so gesegnete Bibellehrer nun genau diesen Geist weiterträgt, allerdings in einer auf den ersten Blick überzeugenden »biblischen« Verpackung.

Auf Seite 26 wird das typische Argument gebracht, der Grund für den Rückgang der Wundergaben sei die Untreue der Christen. Dabei braucht es nicht viel Bibelkenntnis, um zu wissen, dass besondere Charismen, bedeutende Wunder und Gehorsam an Jesus nicht unbedingt miteinander einhergehen. Was wirklich mit echter Geistlichkeit in Verbindung steht, ist die Frucht. So schrieb der begnadete Verkündiger Wilhelm Busch einen warnenden Artikel über den »Heilungsdiener« Hermann Zaiss, unter ausdrücklicher Berufung auf die Berliner Erklärung: »*Die Brüder haben damals in den Stürmen jener Zeit zweierlei gelernt: 1. Der Teufel kann sich verstellen in einen Engel des Lichts, wie die Bibel sagt. Es kann also geschehen, dass eine Bewegung den Namen ›Jesus‹ rühmt und doch einen ›fremden‹ Geist, ein ›fremdes‹ Feuer (3. Mose 10) hat. 2. Wunder beweisen nichts. Denn nach Offenbarung 13,13 tut auch der Geist aus dem Abgrund Wunder … Nein! Mit diesem Geist wollen wir nichts zu tun haben … Unser Herz schreit nach Erweckung. Aber nicht auf diesem Weg der alten, wieder neu aufgelegten Pfingstbewegung. Nein! Auf diesem Wege nicht!*«[11]

Der Westen erlebt einen noch nie da gewesenen moralischen Niedergang, in Amerika haben die Evangelikalen sogar in der Scheidungsrate die Weltmenschen überholt, gleichzeitig sind wir aber Augenzeugen, wie Heilungsdienste und Heilungswellen sich

---

10 D.G.S. Dhinakaran, *The Gifts of the Holy Spirit*, Word of Christ, Madurai, India, 1999, S. 145.
11 Gerhard Jordy, *Die Brüderbewegung in Deutschland*, Teil 2., Brockhaus Verlag, S. 80-81.

in immer rasanterer Weise ausbreiten. Welcher Geist wirkt da eigentlich? Besonders auch, wenn man an Matthäus 7,22.23 denkt: »Viele werden an jenem Tag zu mir sagen: Herr, Herr, haben wir nicht durch deinen Namen geweissagt und durch deinen Namen Dämonen ausgetrieben und durch deinen Namen viele Wunderwerke getan? Und dann werde ich ihnen erklären: Ich habe euch niemals gekannt; weicht von mir, ihr Übeltäter!«

Die überaus deutliche Warnung der Schrift, dass eben am Ende der Tage die Zeichen in der Macht der Verführung geschehen, kontert Ouweneel mit dem Hinweis, dass die zwei Zeugen in Jerusalem ebenfalls große Zeichen und Wunder tun werden. Doch bei diesen Zeichen handelt es sich, ähnlich wie bei der Konfrontation zwischen Mose und Pharao, um Gerichtszeichen, während der falsche Prophet Verführungszeichen wirkt. Die eindeutigen Warnungen der Schrift werden so durch Ouweneel in ihrer Aussagekraft reduziert.

Bei seinem ausgezeichneten Bibelwissen nimmt Ouweneel Beispiele aus Gottes Wort, um die sonderbarsten Phänomene plausibel erscheinen zu lassen.

Seine Argumentation verläuft ungefähr so: »Viele werden beim katholischen Reliquienkult sofort an Götzendienst denken. Ich möchte allerdings zu bedenken geben, dass wir in 2Kö 13,21 berichtet haben, wie ein Mann durch Berührung der Knochen des Elisas wiederum von den Toten zurückkam. Natürlich lehnen wir die Übertreibungen und die Anrufung der Heiligen ab, jedoch sollte man aus diesem Beispiel erkennen, wie es doch gewisse Heilwirkungen durch Gebeine Verstorbener geben kann.«

»Man solle doch bitte nicht vorschnell für uns sonderbare Phänomene gleich dem Teufel unterstellen. Wir könnten uns sonst am Geist versündigen.« Tatsächlich erwähnt Ouweneel diese Gefahr auf S. 24. »Wer dennoch eisern darauf beharrt (dass diese Heilungen dämonisch sind, Anmerkung A.S.), muss aufpassen, dass er nicht den Heiligen Geist lästert.« Was also die Sünde der damaligen Generation war, nämlich dass sie Jesus als Messias ablehnte (Mt 12,41-42), wird nun als Warnung für skeptische Christen ausgesprochen. Es ist in charismatischen Kreisen sehr oft der letzte

Versuch schwärmerischer Strömungen, Gläubige vom Prüfen der Geister (Offb 2,2) abzuhalten.

Der Hinweis, dass man Heilungsdienste nicht in der Schrift findet, wird mit der Begründung hinweggewischt, es gäbe in der Bibel auch keine Erwähnung von Taufbecken, Abendmahlstischen, nicht einmal von Kirchengebäuden usw. (S. 28-29).

Nun trifft es ja zu, dass gewisse Bereiche dem Ermessen des Einzelnen oder der Gemeinde anheimgestellt sind. Wir lesen nichts in der Bibel davon, ob man mit oder ohne Krawatte predigen soll usw. Hier ist man auf neutralem Gebiet, und ein jeder sei seiner Meinung gewiss. Wenn es aber ums Heilen geht, steht man nicht mehr auf neutralem Boden, sondern befindet sich in dem Bereich der Kräfte der jenseitigen Welt. Wer hier aber über das hinausgeht, was die Bibel lehrt (1Kor 4,6), darf sich nicht wundern, wenn er in den Sog eines fremden Geistes gerät. Diese ganze Argumentation zeigt in tragischer Weise, wie dieser kluge Mann scheinbar für alles eine Antwort findet, nur um sich selbst und leider auch andere umso mehr zu beschwichtigen, um nicht zu sagen: zu verführen.

Um die Gläubigen für die bizarren Phänomene, an denen wir dank des endzeitlichen Neuauflebens des Okkultismus keinen Mangel haben, »biblisch« zu öffnen, wird sogar der Prophet Jesaja zitiert (Kap. 28,21), mit dem Hinweis, dass Gott »ungewohnte« Dinge tut (S. 29). Doch hier ist der heilsgeschichtliche Rahmen das Volk Israel und Gottes wundersames Handeln mit diesem Volk, nicht eine Verheißung für das Ende der Gnadenzeit. Wenn man allerdings derartig mit der Bibel umgeht, findet man für praktisch alles eine »Begründung«.

Auch wenn Gottes Wort uns eindeutig erklärt, dass der falsche Prophet Feuer vom Himmel fallen lassen wird, so könnte man gemäß der Argumentationsbasis von Ouweneel nun wieder zu bedenken geben, dass ja in 1. Könige 18 berichtet wird, wie auch Elia Feuer vom Himmel fallen ließ; und dies war sogar das Kennzeichen des wahren Gottes. Nun ändert sich ja Gott bekanntlich nicht, er sei schließlich derselbe, und insofern sollte man also mit der zu schnellen Verurteilung von Heilungsdienern, wie Ouweneel nun die frommen Geistheiler unserer Tage bezeichnet, vorsichtig sein.

Dieses Beispiel zeigt auch, dass es keine Bestätigung bedeutet, wenn es für ein gewisses Phänomen einen biblischen »Präzedenzfall« geben sollte. Denn das Verführerische vor der Wiederkunft Jesu wird gerade darin bestehen, dass man die Kräfte der Urgemeinde imitiert (2Thes 2,9). So verschicken z.B. heute immer mehr »Heilungsdiener« Schweiß- oder Taschentücher mit Berufung auf Apg 19,12. Abgesehen davon, dass Paulus es so nicht praktiziert hat, halte ich diesen Passus für apostolisch (2Kor 12,12) und nicht für eine Anleitung für unsere Tage. Doch die Anhänger solcher Strömungen, einschließlich Ouweneel, können sich nun anscheinend einwandfrei auf die Bibel berufen.

Und so öffnet man sich leider nicht für einen biblischen Heilungs- und Befreiungsdienst (S. 31), sondern vielmehr für die für »spätere Zeiten« vorausgesagten Lehren der Dämonen (1Tim 4,1). Das wird noch deutlicher durch folgende Behauptung in diesem Buch: »Wir *erwarten* einen derartigen Dienst vor allem in der Endzeit, gerade als göttliches Gegengewicht gegen die aufkommenden Kräfte des Antichristen« (S. 33).

Hier verwechselt man Wunschdenken mit biblischer Prophetie. Ouweneel sieht seine Heilungsseminare und -dienste als Gegengewicht zu den Kräften der Verführung, obwohl es nicht den leisesten Hinweis in der Schrift für solch eine Art Gegenbewegung (am Ende der Tage) gibt. Er erreicht damit das genaue Gegenteil. Es zeigt aber auch etwas von dem Sendungsbewusstsein des Autors.

So musste ich zu meiner Überraschung lesen, dass sogar die katholische Kirche angeblich immer mit besonderen Heilungsdienern gesegnet war (S. 39). Als Beleg dafür werden u.a. **Franciscus Xaverius** und auch Anna Katharina von Emmerich aufgelistet. Franciscus Xaverius hat gemeinsam mit Ignatius von Loyola den Jesuitenorden gegründet – den Orden, der großes Unheil in der Kirchengeschichte angerichtet hat. Kein Orden hat so viele Gläubige der Inquisition und dem Scheiterhaufen überantwortet wie die Societas Jesu. Ja, sogar der letzte Krieg in der Schweiz im Jahre

1847, der Sonderbundskrieg, entzündete sich an der Jesuitenfrage. Man ist streckenweise fassungslos, welche Beispiele als Beleg für angeblich »gesegnete« Heilungsdiener in diesem Buch unter dem Gesamteindruck großer Gelehrsamkeit und Faktenfülle geboten werden. **Katharina von Emmerich** z.B. (S. 39) war eine stigmatisierte Nonne. Solche Wundmale relativieren das vollbrachte Opfer Jesu. Hier wird ein Jesus proklamiert, der immer noch leidet, immer noch blutet, immer noch geopfert wird und dessen Werk, typisch für die Lehren Roms, letztlich nicht vollbracht ist. Deswegen gibt es in dieser Kirche, jedenfalls nach den offiziellen Dogmen, auch keine Heilsgewissheit. Es ist eben ein anderer Jesus (2Kor 11,4), der sicherlich auch große Wunder wirken kann.

Zum Abschluss dieses Abschnitts steht der bemerkenswerte Satz: »Seitdem scheint der römisch-katholische Heilungsdienst vor allem durch die Madonna übernommen worden zu sein, namentlich in Lourdes« (S. 39).

Auf Seite 106 lässt Ouweneel erkennen, dass er die Wunder des Mittelalters für göttlich hält. Dies ist für jemanden wie den Rezensenten dieses Buches, der im katholischen Kindergarten erzogen worden ist und halbintern in einem Kloster aufwuchs, nicht nachvollziehbar. Mein Heimatland Österreich war einmal 97% evangelisch, und dank der Jesuiten wurden später die Gläubigen mit Stumpf und Stiel ausgerottet. Auf Seite 52 spricht Ouweneel im Zusammenhang mit der katholischen Kirche von den »vielen Getreuen, die es noch immer in ihr gibt«.

Es werden dann fünf Modelle im Rahmen der Heilungsdienste aufgelistet (S. 45-46); fast ausnahmslos sind die dort namentlich genannten Vertreter Repräsentanten schlimmster Irrlehren bzw. Musterbeispiele falscher Prophetien und okkulter Phänomene.

Zwar setzt Ouweneel auch bei einigen ein Fragezeichen, gestattet sogar manche Kritik, doch letztlich stellt dieser ganze Abschnitt eine Empfehlung dar und ist eine erschütternde Verharmlosung von Gestalten, die mehr an Wölfe im Schafspelz als an biblische Vorbilder erinnern.

Aus Platzgründen nur Beispiel Nr. 1 auf Seite 45: »*Das klassische*

Pfingstlermodell: Heilungen finden durch einen Evangelisten oder Erweckungsprediger statt, gewöhnlich in Massenzusammenkünften (Oral Roberts, Kenneth Copeland, Morris Cerullo; in den Niederlanden heute Jan Zijlstra).«

Oral Roberts gilt als Prototyp eines falschen Propheten, ist Amerikas berühmtester Pfingstheiler und Vater der Electronic Church. Berüchtigt sind seine Methoden des »Fundraising«, der Geldbettelei. Hier hat er mit unglaublichen Tricks sich ständig neue Methoden einfallen lassen, um den Leuten das Geld aus der Tasche zu locken. So verkaufte er z.B. »Heiliges Wasser«. Er erklärte: »*Gott hat mich als seinen Propheten gesandt, um euch mitzuteilen, wie ihr eure Nöte beantwortet bekommt.*« *Zuschauer sollten ihren kleinen Plastikbehälter öffnen, der Wasser enthält, das von dem »Fluss des Lebens« entnommen ist, und sich damit selber salben, während sie Roberts' »Wunder-Heilungsdienst« am Fernsehen zuschauten. Gemäß Roberts war dies Gottes »Plan zur Reinigung ... Reinigung von familiären Schwierigkeiten, Reinigung von Schmerzen (physischen und emotionalen), Reinigung von geistlicher Dürre, Reinigung von finanziellen Engpässen.*« Wichtig sei, den »*Punkt der Berührung*« herzustellen, damit man die Heilungskräfte erfahren könne.[12]

Dies sind uralte magische Techniken. Sie erinnern mehr an Schamanismus als an biblische Propheten. Oral Roberts erklärte, entdeckt zu haben, wie kranke Leute geheilt werden, wenn er sie mit der rechten und nicht mit der linken Hand anrührte.[13]

Auch behauptete er, dass ihm ein Jesus, hoch wie der Eiffelturm, erschienen sei und ihn beauftragt habe, ein medizinisches Forschungszentrum in Tulsa, Oklahoma zu bauen. Auch der Krebs sollte dort endgültig besiegt werden. Als ihm dann das Geld ausging, behauptete er sogar, Gott würde ihn heimholen, wenn er nicht bis zu einem bestimmten Zeitpunkt 4,5 Millionen Dollar gespendet bekäme. *Dann ließ Roberts die Bombe platzen. Wenn die Gaben nicht ausreichten, sagte der 68 Jahre alte Prediger, würde Gott ihn töten. »Ich bitte euch, mir zu helfen, mein Leben zu verlängern«, sagte*

---

12 Albert James Dager, Media Spot Light, Bd. 8, Nr. 1, S. 4.
13 Dave Hunt, *Occult Invasion*, Harvest House Publishers, 1998, S. 496.

er. Wir befinden uns an dem »Punkt, wo Gott Roberts im März heim-
holen könnte«.[14] Dies bewirkte damals große Schlagzeilen und war
nun sogar vielen wohlwollenden Sympathisanten dieses Königs
der Bettelprediger zu viel, der entscheidenden Einfluss hatte auf
die Entstehung der Geschäftsleute des vollen Evangeliums und
eine zentrale Gestalt für die Formierung der modernen charismatischen Bewegung gewesen ist.[15] Zu Recht wies jemand darauf
hin, dass Gott folglich ein Terrorist sein müsse, der sein Opfer um-
bringt, falls das »Lösegeld« nicht rechtzeitig eintrifft.

Diese Leute haben in unvergleichlicher Weise den Namen unseres Herrn diskreditiert und beispiellose Schande auf den Messias und seine Nachfolger gebracht – Leute, die in diesem Buch nun
wohlwollend als Heilungsdiener bezeichnet werden.

Dabei liest man schon in der patristischen Schrift der Didache,
der »12-Apostel-Lehre«, woran man den falschen Propheten
erkennen kann, nämlich daran, dass er um Geld bettelt. Bakht
Singh, der selber manche erstaunliche Wunderheilung erlebte, hat
einmal uns gegenüber privat festgestellt: »Ich bin überall in der
Welt herumgekommen, ich habe keine Leute getroffen, die so gut
betteln können wie die Pfingstler. Darin sind sie Weltmeister.«

Doch der schlimmste Irrlehrer dürfte derzeit **Kenneth Copeland** sein, der als Nächster in dieser unrühmlichen Auflistung erwähnt ist (S. 45). Zu sagen, die Lehren von Kenneth Copeland
seien häretisch, wäre eine Untertreibung. Er verkündigt kühn:
»Satan conquered Jesus on the cross« (»Satan besiegte Jesus am
Kreuz«)[16], und beschreibt Christus in der Hölle als einen »ema-
ciated, poured out, little, wormy spirit« (»ausgemergelter, ausge-
gossener, kleiner, wurmartiger Geist«).[17] »Adam im Garten Eden
war Gott manifestiert im Fleisch.«[18] Copeland lehrt, dass Gott ca.

---

14 Time Magazine, 26. Januar 1987, S. 35.
15 Stanley M. Burgess and Gary B. McGee, *Dictionary of the Pentecostal and Charis-*
    matic Movements, Regency, 1993, S. 759.
16 Holy Bible: Kenneth Copeland Reference Edition, Fort Worth: Kenneth Cope-
    land Ministries, 1991, S. 129.
17 Believer's Voice of Victory, Programm vom 21. April 1991.
18 Hank Hanegraaff, *Christianity in Crisis*, Harvest House Publishers, 1993, S. 338.

2 m groß sei (6 Fuß und 2 oder 3 Zoll) und ca. 90 kg (200 »Pfund«) wiege.[19]

Und so könnte man schier endlos fortfahren in der Aufzählung der unglaublichen Entgleisungen, Irrlehren und Okkulttechniken, die fast alle diese »Heilungsdiener« mehr oder weniger stark vertreten, die Ouweneel als Beleg für einen wiederentdeckten biblischen Heilungsdienst aufzählt.

Am Rande sei noch erwähnt: Vor Kurzem wurde in Los Angeles groß das 100-jährige Jubiläum der Pfingstbewegung gefeiert, die ja 1906 begann. Mit zu den Festrednern gehörten Kenneth Copeland, Yonggi Cho, Benny Hinn u.a. Eine Bewegung nun, die solche Irrlehrer als gesalbte Männer Gottes deklariert, muss es sich gefallen lassen, deutlich hinterfragt zu werden. So hat ein konservativer Pastor, der auf einer pfingstlichen Bibelschule in den USA ausgebildet worden ist, Bob Dewaay, eher resignierend im Zusammenhang mit dieser Hundertjahrfeier feststellen müssen: *Man muss sich fragen, ob die gesamte Pfingstbewegung nicht ein Tummelplatz für Irrlehrer aller Farben und Schattierungen wird. Wenn die Azusa-Street-Hundertjahrfeier kennzeichnend für die Bewegung im Allgemeinen ist, dann ist dies bereits geschehen.*[20]

Natürlich wird der Autor erklären, dass er damit selber nicht übereinstimme und seine Anfragen habe und dies ja auch mehrmals in seinem Buch erwähnt habe. Seine Argumente werden oft brillant vorgetragen und durch manchmal selbst aufgeworfene Fragen und das eingeräumte Bezweifeln gewisser Phänomene nach allen Seiten hin scheinbar abgesichert. Es ist wie ein Gift, welches in so viele nahrhafte und »biblische« Kalorien eingewickelt wird, bis das tödliche Zyankali kaum noch wahrgenommen werden kann. Doch eine Fälschung, die das Echte sehr gut imitiert, ist deswegen nicht besser, sondern viel gefährlicher.

Ouweneel fordert mit Berufung auf Markus 16,17 auf: »Auch wenn weitaus die meisten Gläubigen keinen speziellen Heilungs-*dienst* haben, so kann doch jeder Gläubige einem kranken Men-

---

19 Ibid.
20 *The Azusa Street Hall of Shame*, Contending earnestly for the faith, cetf, Juni 2006, S. 2.

schen die Hände auflegen und ein Heilungsgebet über ihm aussprechen« (S. 111).

Auf Seite 263 wird er noch deutlicher: »Auch hier gilt: Jeder kann einem anderen die Hände auflegen und ausrufen: ›Sei geheilt im Namen Jesu Christi.‹«

Zunächst sollte man erwähnen, dass es in der Bibel keinen Bericht gibt, in dem Frauen jemandem die Hände aufgelegt haben. Doch mit dieser Empfehlung – und man hat beim Lesen des Buches den Eindruck, dass Handauflegung eine Art Allheilmittel sei – liegt Ouweneel voll im Trend des gegenwärtigen magischen Zeitgeistes. So heißt es beispielsweise in einem Artikel der hiesigen Tageszeitung:

So gibt es als neuesten Trend nun ein Zentrum für »Spirituelles Heilen«. Andreas Hoffmann und Marion Pfeiffer sind dort tätig – er als spiritueller Seher, Heiler, Schamane, Lehrer und Medium und sie als sein Medium. Beide haben eine Ausbildung in »Magnified Healing« absolviert und dürfen die sogenannte Lichtheilung auch lehren. Das Paar arbeitet mit Handan- und auflegen. Behandelt werden Schmerzen, aber auch psychische Probleme.[21]

Auch der Begründer von Reiki meinte, nach langem Beten und Fasten erkannt zu haben, dass es eine kosmische Energie gibt, die durch Handauflegung übertragen werden kann. Reiki ist ein System der Heilung durch Handauflegen mittels einer dabei weitergeleiteten »universalen, kosmischen Lebensenergie« (so könnte man »Reiki« übersetzen), sog. »Heilsströme«. Menschen, die Reiki-Behandlungen in Anspruch nehmen, beschreiben ihr Erleben meist so, dass ihnen während des Handauflegens »wohltuende, warme Ströme durch den Körper fließen«. Reiki soll Ganzheit, Heilung, Harmonie, Wohlbefinden und höheres Bewusstsein schenken. Es schütze vor organischen und psychischen Krankheiten.

Das Buch von Ouweneel vermittelt nun, so ist zu befürchten, die gleiche »universelle Kraft« in frommer Verpackung. Nicht der leiseste Hinweis ist zu lesen, dass Handauflegungen, gerade von fromm verpackten Geistheilern, auch verheerende Auswirkungen

---

21 Wetzlarer Neue Zeitung, WNZ, 21.10.2004.

haben können und der einzige Imperativ im NT in Verbindung mit Handauflegung mit einer Warnung verbunden ist, die von unseren »Heilungsdienern« mehr als großzügig ignoriert wird.

In **1. Timotheus 5,22** lesen wir: »Die Hände lege niemandem zu bald auf; habe nicht teil an fremden Sünden! Halte dich selber rein!« Dies wird oft übergangen mit dem Hinweis, es gehe hier um das Einsetzen von Ältesten. Das ist zutreffend, doch es handelt sich hier auch um eine generelle Warnung. Prinzipiell kann man sagen, dass man Träger falscher Geister daran erkennt, dass sie gewöhnlich schnell ihre Hände auflegen.

So schrieb »idea Schweiz« zu dem Thema Suggestion nach dem Heilungsfeldzug von Benny Hinn: *Suggestion: Uralt ist die Suggestion durch Handauflegen. Ähnlich wirksam ist das Bestreichen mit den Händen, die den Körperteil berühren oder nahe am Körper entlanggehen.*[22]

Elias Schrenk warnte vor nun bald hundert Jahren: *Mehr als je brauchen wir heute eine keusche Stellung in der ganzen Schriftwahrheit. Sie bewahrt uns vor Sensationellem, vor gefährlichem, gewagtem Streben nach Geistesausrüstung. Sie wirkt jene geistliche Keuschheit, die sich fürchtet vor kalifornischer, norwegischer, englischer und holländischer Handauflegung. Ich kannte verschiedene Menschen, die durch Handauflegung bleibend unter böse Geister kamen. Eine keusche Stellung in der Schrift bewahrt uns ferner vor Zeichen- und Wundersucht. Wir wollen keine vermehrte Geistesausrüstung, um große Leute zu werden, das wäre unser Verderben. Wir wollen nicht einmal in erster Linie Geistesausrüstung für unseren Dienst, sondern für unsere Gemeinschaft mit Gott und dadurch für unseren Dienst. Gehen wir den umgekehrten Weg, so kommen wir ins Fleisch und unter feindlichen Einfluss, erreichen also das Gegenteil.*[23]

Um Hindernisse bzw. innere Hemmungen für diesen Heilungsdienst abzubauen, beruft sich Ouweneel auf Agnes Sanford und zitiert sie gleich mehrmals mit ihren Stimmen und Heilungs-

---

22 idea magazin Nr. 19/93 vom 26. Nov. 1993, S. 11.

23 Elias Schrenk: »Das Bedürfnis der Gemeinde Gottes nach einer größeren Ausrüstung mit Geisteskraft und die Bedingung für eine schriftgemäße Befriedigung desselben.« Verhandlungen der Gnadauer Pfingstkonferenz 1910.

erlebnissen (S. 120; 308-309). »Agnes Sanford sagt über die Stimme des Herrn weise Dinge, die deutlich machen, wie unser eigenes Unterbewusstes und das Sprechen des Herrn in unserem Herzen miteinander nicht in Streit zu liegen brauchen« (S. 118).

Jedoch **Agnes Sanford** war ein spiritistisches Medium. Man kann diese Frau als die Schlüsselgestalt der modernen Heilungsbewegung bezeichnen. In ihrem Bestseller »Heilendes Licht« schreibt sie ganz offen, wie die Geister der Verstorbenen durch sie wirken. *Auch die »Geister der vollendeten Gerechten«, für die wir vielleicht gebetet haben, als sie noch auf Erden waren, sind Gegenwart (Hebr. 12) und wirken durch uns, denn die Brücken, die von Geist zu Geist gebaut wurden, dauern über den Abgrund des Todes hinüber. Eine Zuversicht sagt uns, dass hier der Tod nicht gilt. ... In der Bitte um sein Kommen erleben wir einen Machtzustrom. Viele empfinden ihn als einen wirklichen Strom voller Leben, der ins Innerste des Körpers dringt und durch das Rückgrat aufwärtssteigt. Er ist so kräftig, dass wir gezwungen sind, uns ganz gerade zu halten und ganz leicht und ruhig zu atmen. Für eine kleine Weile können wir vielleicht auch nicht sprechen.*[24]

Agnes Sanford berichtet in ihrer Autobiographie, wie sie einmal in China in einen Buddhatempel ging. Ihre Eltern waren amerikanische China-Missionare. Aus Trotz, gerade auch weil ihre Eltern vor diesen Götzen warnten, betete sie wie die chinesischen Buddhisten diese Statue an. *Ein Gedanke kam mir – Was, wenn diese Götzen doch auch Kraft hätten? ... Ich faltete meine Hände zusammen, beugte mich vor dem gelassen ruhenden vergoldeten Götzen, der mir ganz offensichtlich keine Aufmerksamkeit schenkte, und murmelte »O-meto-fu«, wie es die Mönche taten. Nichts geschah. Oder doch? Denn allmählich kam in mir eine andere Stimme hoch, die mich verhöhnte, verachtete und verspottete. Ich habe mir über diesen inneren Dialog wenig Gedanken gemacht.*[25]

Ihr Buch *Heilendes Licht* nannte John Wimber – ebenfalls eine Art Kronzeuge für die von Ouweneel empfohlenen Heilungsdienste – den Klassiker zum Thema Heilung schlechthin.

---

24 Agnes Sanford, *Heilendes Licht*, Oekumenischer Verlag Edel, S. 150-151.
25 Agnes Sanford, *Sealed Orders*, Logos International, New Jersey, 1972, S. 14.

Auch erklärte sie unumwunden, wie sie beim Zungenreden mit dem Bewusstsein von Menschen Verbindung hat, die schon gestorben sind, aber auch mit Menschen, die derzeit leben, und selbst mit Personen, die angeblich noch geboren werden sollen.[26]

Vor unseren Augen läuft, so ist zu befürchten, eine »Wiederherstellung« der Heilungsdienste in der Macht der Geisterwelt. Dafür ist Ouweneels Buch leider auch ein Beleg. Denn er stellt solche eindeutigen Medien einer verführerischen Macht als Diener Gottes und Werkzeuge des Heiligen Geistes vor. So zitiert er Agnes Sanford mit den Worten: »*Ich meine lediglich die sanfte Stimme, die in den Tiefen unseres Geistes spricht*« (S. 119). Welche Stimme sich hier aus der buchstäblichen »Tiefe« meldet, sollte nun ersichtlich sein. »So schaue darauf, dass nicht das Licht in dir Finsternis sei« (Lk 11,35), warnt unser Herr Jesus.

Auch erwähnt Ouweneel zustimmend: »Von Agnes Sanford ist bekannt, dass sie um Verschonung vor drohenden Erdbeben, vor Rassenkrawallen, vor einem Wirbelsturm und für Regen betete« (S. 125).

Bei **John Wimber**, der nicht geringen Raum in diesem Buch einnimmt (Seiten 46; 175; 195; 219; 231; 239; 247; 302), liegen die Phänomene ähnlich, wenn auch etwas gemildert.

Wer war John Wimber? Wenn man seinen Weg etwas verfolgte, musste man feststellen, dass man ein ständiges Hin und Her beobachten kann. Aussagen wurden widerrufen, mit neuer Kühnheit formuliert, abgeändert, theologisch schmackhafter verpackt usw.

So wurde beispielsweise die große Erweckung für England angekündigt, die ausblieb. Clifford Hill, der sich selber zur charismatischen Szene rechnet und an den Dienst der zeichenhaften Geistesgaben glaubt, schreibt darüber: *Letzten Sommer (1990; Anmerkung A.S.) riet ich Wimber ab, im Oktober nach England zurückzukehren, weil soeben eingestanden wurde, dass 15 Bereiche des Irrtums in ihrem (Wimbers und seines Teams von Propheten; Anmerkung A.S.) Dienst vorlagen, und dies brauchte Zeit, um aufgearbeitet zu werden ... Dennoch war John Wimber entschieden, Versammlungen in England*

---

26 Agnes Sanford, *The Healing Gifts of the Spirit*, Revell, S. 152.

im Oktober zu leiten, weil Paul Cain, Bob Jones und andere geweissagt hatten, dass eine große Erweckung in diesem Monat ausbrechen werde. Ich hatte bereits erklärt, dass diese Prophezeiungen falsch sind und dass es keine Erweckung in England geben würde ohne Buße, aber Wimber glaubte ihnen so restlos, dass er seine Kinder und Enkelkinder von den USA mitbrachte, damit sie die erwartete Erweckung bezeugen könnten. Als nichts geschah in dieser Woche, unternahm er einen letzten Versuch, Gott zu überreden, die Flammen der Erweckung zu schicken. Er rief am letzten Tag in London, in der letzten Versammlung, zur Stille auf. Als der mächtig rauschende Wind sich nicht einstellte, beendete John Wimber die Versammlung eine halbe Stunde früher und kehrte nach Hause zurück, wobei er viele Leute enttäuscht und desillusioniert zurückließ.[27]

Bei Paul Cain, für John Wimber der Prophet Gottes, der sich nie geirrt hat, ein Mann mit erstaunlichen medialen Fähigkeiten, ist nun offenbar geworden, dass er ein Alkoholiker und Homosexueller ist.[28] Auch der Vater der Pfingstbewegung, **Charles Parham**, in diesem Buch auf S. 224 als effektiver Heilungsdiener bezeichnet, wurde später wegen Homosexualität eingesperrt.[29]

Der Autor des populären Buches *Gottes Generäle*, Roberts Liardon, mehrmals von Ouweneel zitiert, bekam Kanzelverbot wegen homosexueller Beziehung zu seinem Jugendpastor. Allerdings nur für drei Monate, wie die konservativ pfingstliche Zeitschrift »Contending earnestly for the faith« zu Recht beklagte.[30]

Keith Parker darf als ein unverdächtiger Zeuge gelten, zählt doch auch er sich zum charismatischen Lager. Über das gleiche oben erwähnte Ereignis berichtet er: *Auf der Rückseite von John Wimbers Magazin war eine Erklärung abgedruckt, die besagte, dass während einer bestimmten Zeit in England eine Erweckung ausbrechen würde, während sein Team in London arbeitete. Der Termin kam und ging. Es gab keine Erweckung. Anstatt zu bekennen, er habe das Volk Gottes*

---

27 Clifford Hill, Prophecy Today, »Which Army?«, Band 7, Jan./Febr. 1991, S. 10.
28 Rick Joyner, Special Bulletin about Paul Cain, 22. April 2005, www.morningstarministries.org.
29 John MacArthur, »The Charismatics«, Zondervan, 1978, S. 215.
30 cetf, Dez. 2004, S. 18.

verführt, leugnete er, dass diese Voraussage gemacht worden war, oder meinte, dass wir falsch verstanden hätten, was dort geschrieben war. Danach gewann ich den Eindruck, dass Wimber und die »Propheten« sich selbst disqualifiziert hatten; und ich fühlte mich berechtigt, alles zu ignorieren, was aus dieser Quelle kam.[31]

Die Bibel warnt uns vor den falschen Propheten. Leider ist es heute oft Mode geworden, goldene Brücken der Zusammenarbeit zu bauen.

Typisch sind auch die bereits erwähnten Manifestationen von Hitze und Energie. So schildert Wimbers Frau Carol über das Kommen des »Geistes« Folgendes: *So ging John im Zimmer umher und betete für uns. Von seinen Händen strömte eine unglaubliche Kraft. Wenn er Menschen berührte, fielen die einfach um. Für John war es, als ob aus seinen Händen eine geistliche Kraft strömte, ähnlich wie Elektrizität. … Als wir unser Haus betraten, sprachen wir weiter über diese neue Entdeckung. John ging zum Kühlschrank, weil er ein Glas Milch trinken wollte. Während er sich die Milch einschenkte, sagte er: »Ich glaube, wenn man das Wort Gottes lehrt, dann wird der Heilige Geist …«* John konnte seinen Gedanken nicht mehr ausführen. Als er *»der Heilige Geist«* sagte, sackten ihm plötzlich die Beine weg, und er konnte sich gerade noch an der Theke festhalten. Die Milch spritzte überall herum. Er schaute überrascht und lachend zu mir hoch und sagte: *»Ich glaube, wir werden noch einiges erleben, Carol Kay.«*[32]

Solche »Späße« leistet sich nicht der heilige Gott. Man kennt sie aber nur allzu gut im fromm getarnten Spiritismus. Auch das Phänomen: *Manchmal bekomme ich Schmerzen in verschiedenen Teilen meines Körpers. Das zeigt mir an, welche Krankheiten Gott bei anderen heilen will,*[33] erinnert mehr an Geistheiler als an Diener des wahren Gottes.

Diese Wärmephänomene sind klassische Kennzeichen der spi-

---

31 Keith Parker, *Prophets - True or False? Signs and Wonders - Real or Bogus?*, Stellungnahme vom 22. Juli 1994, S. 2.

32 John Wimber/Kevin Springer, *Die Dritte Welle des Heiligen Geistes,* Projektion J Verlag, 1988, S. 40.

33 John Wimber/Kevin Springer, *Vollmächtige Evangelisation,* Projektion J Verlag, 1986, S. 69.

ritistischen Geistheiler, der Esoteriker, der Medizinmänner, Schamanen und Hypnotiseure. Es ist das »Gütesiegel« dieser Medien verführerischer Mächte. Dieser »Gott« erinnert mehr an eine kosmische Batterie, an eine universelle Kraft, an ein »Es« als an eine heilige Person.

So erklärte beispielsweise Harry Edwards, Englands berühmtester Geistheiler, dass die Geister verstorbener Menschen durch seine Hände wirkten. Auf die Frage, wie er und der Patient den Heilungsvorgang wahrnähmen, antwortete er: *Vor allem Wärme – dort, wo man die Hände auflegt. Sowohl Heiler als auch Patient spüren das. Es muss sich dabei irgendein Energieumsatz abspielen.*[34]

Nun hat Ouweneel solche wahrnehmbare physische Kraft nicht nur bei den von ihm empfohlenen Heilern wie z.B. T.B. Joshua und John Wimber, sondern offenbar auch bei sich selbst wahrgenommen. So zitiert er John Wimber im Zusammenhang mit dem Empfang von Gaben: »*Salbung:* ein plötzliches Erfülltwerden mit Kraft, gewöhnlich erlebt als eine prickelnde Wärme oder ein übernatürliches Vertrauen« (S. 142).

Wie kann man nun diese klassischen Okkultphänomene biblisch verpacken? Ouweneel: »Wenn der Kraftstrom des Geistes in uns in Bewegung kommt, dann werden wir das genauso deutlich erfahren wie Jesus, als er bei der Heilung der blutflüssigen Frau sagte: ›Ich habe gefühlt, dass Kraft von mir ausgegangen ist‹ (Lk 8,46; Mk 5,30)« (S. 123).

Hier ist wiederum der Wunsch der Vater des Gedankens. Wo steht, dass diese Kraft als Wärme o.Ä. gefühlt wurde, wir außerdem die Kraft genauso wie unser Herr erfahren werden? Sind wir Jesus? Von dieser Bibelstelle nun baut der Autor unbekümmert eine Brücke zu den neuzeitlichen »okkulten Heilungsdienern«. Was übersehen wird: Die Kraft ging von Jesus aus und er ist ja tatsächlich der Herr des Universums und die Quelle aller Kraft. Es wird aber nie von einem Jünger unseres Herrn berichtet – jedenfalls nicht im Zusammenhang mit Heilungen –, dass Kraft von ihm

---

34 Neunte Folge im Kurier (österreichische Tageszeitung) zu dem Thema »Jenseits der Sinne«, 1983.

ausgegangen sei. Dies kennt man allerdings nur zu gut von Heilern, die aus der Geisterwelt schöpfen. Man denke nur an Agnes Sanford, die »Mutter« der modernen Heilungsdienste.

Ouweneel ist möglicherweise durch Handauflegung von T.B. Joshua unter eine andere Geistesmacht geraten. Es hat sich ein richtiger Paradigmenwechsel bei ihm eingestellt. Deswegen liegt ihm so viel daran, diese wirksame Energie der Verführung (2Thes 2,11), die prompt auch wieder energetisch und physisch wahrgenommen wird, »biblisch« zu begründen. Dabei ist leider festzustellen, dass er unbekümmert Leuten das Wort redet, die sich mit Jesus und damit letztlich mit Gott auf gleiche Stufe stellen. Es erinnert an: »Ihr werdet sein wie Gott.«

Bei **Kenneth Hagin**, dem Vater der »Wort-des-Glaubens-Bewegung«, den R.C. Sproul einen modernen Missionar des Gnostizismus nennt,[35] ist der Anspruch, selber Gott sein zu wollen, nicht einmal mehr getarnt.

Hier einige Zitate von diesem »besonderen Mann Gottes«: *Der Christ »ist in dem gleichen Maße eine Inkarnation wie Jesus von Nazareth«.*[36] *Du bist in gleicher Weise eine Inkarnation Gottes, wie sie Jesus Christus war ... der Gläubige ist genauso eine Inkarnation wie Jesus von Nazareth* (»You are as much the incarnation of God as Jesus Christ was ... the believer is as much an incarnation as was Jesus of Nazareth.«).[37]

Dieser »Gnostiker« wird nun von Ouweneel im Zusammenhang mit einer Heilung erwähnt. Ausführlich wird über ihn berichtet, wie ein Mädchen an Lungenkrebs litt und Hagin sah, wie ein Dämon einem Äffchen gleich über dem linken Lungenflügel hing. Hagin gebot mehrmals und sah schließlich, wie dieser Dämon aus der Kirche rannte (S. 171).

Auf Seite 120 wird sogar **Rodney Howard-Browne** wohlwollend zitiert. Er gilt als Vater der »Lachenden Erweckung«, des »Toronto-Segens«. *Er ist einigen bekannt als der »lachende Evangelist«*

---

35 Evangelical Times, *The Agony of Deceit,* August 1990, S. 7.
36 *The Incarnation,* The Word of Faith, Dez. 1980.
37 »Word of Faith«, Dez. 1980, S. 14.

und er nennt sich selbst der »Barmixer des Heiligen Geistes« (»Holy Ghost bartender«), der das »Lachen im Geist« fördert ... Das sogenannte heilige Lachen ist eine Exzentrik, die von extremen Randfiguren der Pfingstbewegung wie Kathryn Kuhlman vor Jahren praktiziert wurde.[38]
... Spitzenreiter all der Auswirkungen, die er behauptet, auf das Publikum zu haben, ist das »Festkleben mit dem Heiligen Geist« (»Holy Ghost Glue«).[39] Leute liegen stundenlang am Boden und können sich nicht mehr wegbewegen, sind am Boden wie angenagelt. So berichtet Rodney Howard-Browne von einer Frau, die sechs Stunden lang am Boden klebte. *Sie brauchte eine Stunde, um vom Zentrum des Gemeindesaals zur Seitenwand zu kriechen.*[40]

Am schlimmsten ist Howard-Brownes Vorstellung von Jesus, den er als irdischen Propheten sieht, der seine Göttlichkeit im Himmel zurückließ ... »Nichts, was Jesus tat, war, weil er der Sohn Gottes war. Die Bibel sagt, dass er seine göttlichen Gewänder ablegte, und als er auf der Erde wandelte, tat er dies als Prophet unter dem Bund Abrahams.«[41]

Das ist ein typischer Trend heute. Jesus wird immer mehr vermenschlicht, der Mensch hingegen immer mehr auf die Ebene Jesu gestellt, oft genug mit dem Hinweis auf Johannes 14,12: »Wahrlich, wahrlich, ich sage euch: Wer an mich glaubt, der wird auch die Werke tun, die ich tue, und wird größere als diese tun, weil ich zum Vater gehe.«

Auch dieser »Barmixer des Heiligen Geistes«, obwohl fast ein Paradebeispiel eines falschen Propheten und Häretikers, wird als Beleg zitiert, wie der angebliche Heilige Geist physisch wahrgenommen werden kann. Ouweneel behauptet nämlich, dass »die *Wirkung* der Geister (oder des Un[ter]bewussten des Heilers) und die *Wirkung* des Heiligen Geistes oft ähnliche physische Erscheinungen zustande bringen, wie Zittern, Beben, Schütteln, die Erfahrung von ›Feuer‹ oder einen ›elektrischen Strom‹ oder eine ›magnetische Kraft‹ oder etwas Derartiges« (S. 298-299).

---

38 G. Richard Fisher, *A Look at Spiritual Pandemonium*, The Strange Views of Rodney M. Howard-Browne, Personal Freedom Outreach, Okt.-Dez. 1994, S. 1.
39 Ibid., S. 15.
40 Ibid.
41 »The Touch of God«, S. 13-14, zitiert bei Richard Fisher, ibid., S. 15-16.

Dies ist leider ein verhängnisvoller Trugschluss, wie gerade diese Beispiele zeigen, die Ouweneel jedoch positiv interpretiert.

So sagt Rodney Howard-Browne von der Salbung: »Die Salbung ist kein Gefühl, wohl aber wird sie gefühlt. Es ist, als ob du eine Glühlampe losdrehst und deinen Finger in das Gewinde steckst. Du wirst eine schockierende Erfahrung machen.« Und weiter erzählt er über seine »Taufe« mit dem Heiligen Geist: »Plötzlich fiel das *Feuer* Gottes auf mich. Es begann bei meinem Kopf und es ging regelrecht zu meinen Füßen. Seine Kraft *brannte* in meinem Körper und das blieb so, drei volle Tage lang. (…) Ich war an die himmlische *Stromversorgung* angeschlossen (…). Mein ganzer Körper stand in Brand, von Kopf bis Fuß« (S. 301).

Man wird an die Klage des Paulus erinnert: »Denn wenn einer zu euch kommt und einen andern Jesus predigt, den wir nicht gepredigt haben, oder ihr einen andern Geist empfangt, den ihr nicht empfangen habt, oder ein anderes Evangelium, das ihr nicht angenommen habt, so ertragt ihr das recht gern!« (2Kor 11,4).

Natürlich fehlt in dieser eindrücklichen Liste fromm getarnter Geistheiler auch **Yonggi Cho** nicht (S. 224), der als großes Vorbild gesehen wird (S. 45), obwohl er erst kürzlich in einem Vortrag in einer buddhistischen Universität die Meinung äußerte, auch im Buddhismus gäbe es eine Form der Erlösung.[42] Einerseits wird man also wegen seiner Heilungskräfte als ein großer Mann Gottes gesehen, andererseits versagt man beim ABC des Evangeliums. Zwar hat er das nach besorgten Anfragen seiner Anhänger wieder relativiert, doch nicht zu Unrecht warnte Hank Hanegraaff: *Chos Vorstellung des vierdimensionalen Denkens ist nichts anderes als Okkultismus.*[43]

Dann wird sogar als weiterer Beleg für außergewöhnliche Manifestationen **William Branham** zitiert. Bei ihm riefen die Krebsdämonen angeblich um gegenseitige Hilfe in einer Versammlung, weil jetzt der Mann Gottes, nämlich Branham, sie austreiben würde (S. 171). Ähnlich merkwürdig ist ein anderes Erfahrungsbei-

---

42 Kwong Hei Park, Korean Times, 14. Mai 2004.
43 *Christianity in Crisis*, Harvest House Publishers, 1993, S. 353.

spiel: »Von William Branham wird berichtet, dass, wenn ein Patient auf dem Podium von Wahnsinn oder Epilepsie befreit wurde, die Krankheitsdämonen manchmal auf Spötter (Christen oder Nichtchristen) übersprangen« (S. 189).

Für Branham war die Lehre von der Trinität eine dämonische Doktrin. Er behauptete nicht einmal, durch den Heiligen Geist zu heilen, sondern durch einen Engel, der angeblich aus der Gegenwart Gottes zu ihm gekommen war. Auch glaubte er, dass uns das Wort in dreifacher Weise gegeben sei: durch den Tierkreis, durch die ägyptischen Pyramiden und durch die Heilige Schrift.[44]

Das alles ist nur die Spitze des Eisberges. Um sich näher über die in Ouweneels Buch als Heilungsdiener bezeichneten »Gabenträger« zu informieren, wie Morris Cerullo, T.L. Osborn, Charles Hunter, Francis MacNutt, M. Linn, Ruth Carter Stapleton, John und Paula Sandford, Leanne Payne usw., seien die Bücher von Dave Hunt, *Verführung der Christenheit* und *Rückkehr zum biblischen Christentum* sowie Hank Hanegraaff, *Christianity in Crisis*, empfohlen. Auch in meinem Buch, *Die sanfte Verführung der Gemeinde*, befasse ich mich mit einigen der hier genannten Wunderheiler.

Vielleicht sollte zu **Morris Cerullo** noch angemerkt werden, dass ihn sogar sein ehemaliger Mitarbeiter John Warren wegen *»unethischer und betrügerischer Methoden bezüglich des Sammelns von Spendengeldern«*[45] bei der kalifornischen Justiz verklagt hat.

Selbst Ereignisse, die durch die Kirchengeschichte längst geklärt sein sollten, werden als Beleg für Heilungskräfte erwähnt. Z.B. Leute wie **Edward Irving**, der Begründer der neuapostolischen Bewegung, dessen Weissagungen und Lehren längst von der Geschichte widerlegt worden sind. »Von *Edward Irving* (1792-1834), dem Vater der *Katholisch-Apostolischen*, werden genauso viele Heilungswunder berichtet« (S. 44).

Doch Ouweneel scheint kaum noch geistliche Abgrenzung zu kennen. Dort, wo es gar zu bunt werden könnte, setzt er zur Beruhigung der Gemüter selber Fragezeichen und zitiert dann wie-

---

44 William Branham, »Adoption«, Spoken Word Publications, 1960, S. 31 u. 104.
45 Cetf, Jan. 2002, S. 6.

derum aus der Fülle seines umfangreichen Wissens derartig, dass man schier »tsunami-artig« überrollt wird.

Zunächst schildert er: »Jene, die zum Beispiel Aids-Patienten die Hände aufgelegt haben (wie ich selbst), wissen, dass diese oft zu ›manifestieren‹ beginnen, das will sagen: hinfallen, zittern, sich winden, kreischen, schäumen, erbrechen und so weiter als Zeichen dämonischen Einflusses in ihrem Leben« (S. 171). Doch Jesu Jünger haben auf Kranke die Hände gelegt, nicht auf dämonisierte Menschen (2Kor 6,17).

Der Gründer der Action Biblique, H.E. Alexander, dürfte die Dinge besser durchschaut haben, als er unter der Überschrift »Der Spiritismus und seine verschiedenen Formen« Folgendes bemerkte: *Hast du noch nie starke, physisch seelische Empfindungen, Verzückungen und seelisch geistliche Gemütserregungen gehabt? Hat dich ein außergewöhnliches Zittern befallen? Wurdest du zur Erde geworfen und bliebest auf den Knien liegen oder krochest du herum, indem du glaubtest, unter der Wirkung des Heiligen Geistes zu stehen? Sei versichert, dass in diesem Augenblick Satan von deinem Körper ganz oder teilweise Besitz genommen hat, der damit ein Medium des Geistes »des Engels des Lichtes« wurde. Du hast nicht den Geist Gottes, aber einen Geist oder Geister Satans bekommen. Diese halten ihre Besitznahme fest und bedienen sich deiner, um auf andere durch Bibelsprüche einzuwirken. ... Dabei wähnst du, dass die, welche dich vor dieser schrecklichen Gefahr warnen, gegen den »Heiligen Geist sündigen«, indem sie sich dem Wirken Gottes entgegenstellen. Dein Leben steht in direkter Verbindung mit der Dämonenwelt und dies im Namen Gottes!*[46]

Ouweneel schreibt auf Seite 123: »Um diese Kraft kann man immer wieder bitten: ›... wie viel mehr wird der Vater, der vom Himmel ist, den Heiligen Geist geben denen, die ihn darum bitten‹ (Lk 11,13). Um den Geist bittet man nicht einmal, ...« (S. 123).

Verbunden wird diese »Kraftausrüstung« bei dem Autor mit wiederum einer falschen Exegese von besagter Lukasstelle. Das ist eine Argumentation, die man in dieser Form in erster Linie aus

---

46 H.E. Alexander, *Der Spiritismus und seine verschiedenen Formen*, Biel, Verlagsbureau der Alliance Biblique, S. 25-26.

der Pfingstbewegung kennt. So gibt Gott angeblich »den Geist denen, die ihn *darum* bitten«. Dies wird gleich mehrmals konsequent zitiert, doch das Wort »darum« steht nicht da. Diese Bibelstelle belegt vielmehr die alte Erfahrung, dass Menschen, die viel Zeit im Gebet und Fürbitte verbringen, immer mehr vom Geist Gottes erfasst und erfüllt werden, aber nicht weil sie um den Geist bitten. Dies verunehrt Gott und bekanntlich gibt Gott den Geist denen, die ihm gehorchen (Apg 5,32).

Um diese nun physisch so manifeste Kraft plausibel zu machen, hat der Autor einen gewissen Erklärungsnotstand. So werden unter dem Abschnitt *Wahrnehmbare Kraft* (S. 251) auch nur Bibelstellen im Zusammenhang mit unserem Herrn Jesus als neutestamentlicher Beleg zitiert.

Auf Seite 254 heißt es beispielsweise: »Beim Herrn war diese *dynamis* so stark, dass, als er eigentlich nur seinen göttlichen Namen (›Ich bin‹) nannte, seine Gegner zurückwichen und hintenüber zu Boden fielen (Joh 18,6). Das kann auch bei Heilungen (oder anderen ›Anrührungen‹) durch Jesu Diener geschehen; man spricht dann von ›Fallen im Geist‹.«

Mit diesem Begriff *dynamis* versucht nun der Autor, uns alle möglichen und unmöglichen Phänomene als göttlich gewirkt zu erklären. Auch das Umfallen wird wiederum »biblisch« belegt und das Fallen auf den Rücken als Randphänomen abgetan. Dabei ist gemäß Jesaja 28,13 gerade dieses Phänomen das klassische Kennzeichen der falschen Propheten.

Johannes 18,6 dient als biblischer Beleg also für das »Fallen im Geist«. Zunächst heißt es dort nicht, dass die Soldaten hintenüber fielen. Es heißt wörtlich, dass sie zurückwichen und zu Boden fielen. Auch sollte man beachten, dass dies die Feinde Jesu waren und nicht solche, die sich nach Heilungen oder neuen Segnungen ausstreckten. Wieso geschehen dann solche Phänomene durch Jesu Diener heute? Sind die Besucher solcher Heilungsversammlungen die Feinde der Heilungsevangelisten?

Man verwechselt leider, wie so oft in unseren Tagen, Phänomene des Gerichts Gottes mit dem Wirken des Heiligen Geistes. Leute nach hinten umfallen zu lassen, gehört auch in die erste Einweihungsstufe des Mesmerismus,[47] kennt man im Hinduismus und Okkultismus[48] und eben nicht im biblischen Christentum (1Kor 14,25). Dieses »Gütesiegel« der falschen Propheten (siehe auch 1. Mose 49,17) wird von dem Autor folgendermaßen relativiert: »Man hat wohl einen Unterschied machen wollen zwischen einem biblischen Fallen auf das Angesicht und einem sog. ›Fallen im Geist‹, das (›auf unbiblische Weise‹) immer hintenüber geschehen würde. In bestimmten Diensten habe ich beobachtet, wie Menschen unter der Anrührung des Geistes nach allen Seiten fallen« (S. 319).

Wie unkritisch der Autor auch bizarre Phänomene sieht, zeigt folgendes Beispiel: »Im Heilungsdienst gibt es spektakuläre Beispiele für diese *dynamis* und deren Reichweite. Berichtet wird, dass Menschen mit vollen Bussen zu den Heilungsdiensten von Kathryn Kuhlman kamen, dass manche die Krücken bereits wegwarfen, bevor sie in das Gebäude eingetreten waren. Menschen, die an dem Gebäude vorbeifuhren, sprangen aus ihren Rollstühlen, sobald sie nur den Luftzug der Eingangstüren verspürten. Als Frau Kuhlman durch einen Flughafen ging, fielen Menschen durch die Kraft Gottes zu Boden; oder wenn sie in einem Hotel schlief, wurden die Menschen in den anliegenden Räumen gesund oder es geschahen Wunder während der Nacht. Das ist *dynamis*. Das war nicht die *dynamis* von Kathryn Kuhlman, sondern von Gott. Es war die *Schechina*, die Gegenwart Gottes. Es war die Fülle des Heiligen Geistes« (S. 254).

Nein, lieber Bruder Ouweneel. Das ist nicht die Fülle des Heiligen Geistes, wohl aber bald das klassische Wirken der Geister, ermöglicht durch eine Frau, die vielmehr Medium dunkler Mächte als Dienerin Christi war; gerade wenn man, wie der Autor selbst empfiehlt, als Kriterium die Frucht und nicht diese magische Vorstellung der *dynamis* nimmt.

Karl Heim schrieb schon vor Jahrzehnten, damals allerdings mit Blick auf die Kirche Roms und die katholische Mystik: *Wir finden Gott nicht unter einem Machteindruck, der uns niederwirft und*

---

47 Karl Guido Rey, *Gotteserlebnisse im Schnellverfahren*, Kösel, München 1985, S. 88.
48 *Chinas Märtyrer*, herausgegeben von P.H. Coerper, Liebenzell 1902, S. 13-14.

*hinreißt. Der Weg zu Gott führt nur über das Gewissen. Wir kommen zu Gott nur unter einer Gewissenserschütterung, die so stark ist, dass alle Machteindrücke der Welt und alles Glücksverlangen demgegenüber ganz gleichgültig wird. Damit ist das Wesen des evangelischen Christentums in einem ganz allgemeinen Satz ausgedrückt: Wir finden Gott nicht unter einem Machteindruck, sondern nur durch eine Gewissenserfahrung. Um diesen Satz in seiner Tragweite zu verstehen, müssen wir aber beides, den Machteindruck und die Gewissenserfahrung, in ihrem Vollsinn erfassen. Ein Machteindruck ist es nicht bloß, wenn ich vergewaltigt werde, wenn man mich in Fesseln schlägt und foltert, um mich zum Widerruf zu bewegen. Ein Machterlebnis höherer Art ist es auch, wenn ein mystischer Rausch über mich kommt und mich wie ein Strom mitreißt, dass mir in seliger Trunkenheit die Sinne schwinden. Auch dieser mystische Rausch, wie er auch immer erzeugt wird, durch Haschisch oder durch Narkose oder durch eine prachtvolle Musik, hat nichts mit dem Gewissen zu tun. Er löscht die Einzelpersönlichkeit aus und damit das ganze Verantwortungsgefühl. ... Machteindrücke und mystische Rauschzustände kann man gemeinsam haben unter einer Massensuggestion, aber Wahrheitserkenntnisse und Gewissenserfahrungen sind einsame Erlebnisse. Alles, was ich unter der Suggestion eines Menschen glaube und erlebe, das ist gerade **kein** Erlebnis mit Gott.*[49]

Vielleicht hat »idea Schweiz«, deren Redaktionsstab gewiss nicht anticharismatisch ausgerichtet ist, treffend den Sachverhalt nach dem Auftritt von Benny Hinn in Basel geschildert: *Die Phänomene, nämlich die übernatürlichen Heilungen und das Umfallen der Menschen, sind nichts spezifisch Christliches. Das Phänomen hat in anderen Kulturen, Religionen und auch im okkulten Bereich viele Parallelen.*[50]

Ouweneel: »Dasselbe habe ich viele Male bei T.B. Joshua in Lagos miterlebt: Menschen, die durch den Heiligen Geist angerührt wurden, fielen oft um, wenn er bloß an ihnen vorüberging, ob sie wollten oder nicht« (S. 306). Auch hier wieder Wirkungen à la Medizinmann.

---

49 Aus: »Das Wesen des evangelischen Christentums«.
50 idea magazin Nr. 20/93 vom 17. Dez. 1993, S. 11.

Dabei gibt Paulus gerade dieses »Weggerissen-Werden« bzw. Umfallen in 1. Korinther 12,2 als Kennzeichen der Manifestation des falschen Geistes an und hält dem in 1. Korinther 14,32 entgegen, dass nämlich die Geister der Propheten den Propheten untertan sind. Ouweneel wiederum versucht dies dadurch zu neutralisieren, dass er uns erklärt, auch bei Jesus hätten Menschen die Selbstkontrolle zum Teil verloren und schäumten oder wurden hin- und hergerissen. Als ob der Empfang und die Manifestation von Gaben etwas mit dämonischer Befreiung zu tun hätte. Da aber in der Tat solche Phänomene durch das Wirken von Geistern auftreten, wie er ja mit vielen Bibelstellen belegt, kann man nur zu oft das Gleiche bei solchen Versammlungen beobachten, wo nicht Gaben des Geistes, wohl aber Gaben der Geister praktiziert werden.

Wie sehr der Autor auf die Ebene der Medialität abgeglitten ist, erkennt man auch daran, dass er Römer 8,26 als Beleg dafür zitiert, dass der Heilige Geist in uns betet. »Dann ist es nicht mehr unser Gebet, sondern es ist der [H.] Geist, der in uns betet (vgl. Röm 8,26). Und weiter sind es nicht mehr unsere Hände, die wir auf die Kranken und Gebundenen legen, sondern gewissermaßen die Hände des Heiligen Geistes« (S. 257).

Dies kennt man allerdings im Spiritismus, dass *in uns* jemand redet oder »betet«. Der erwähnte Bibelvers beschreibt ein Szenario in der Gegenwart Gottes und nicht im menschlichen Herzen. Genauso wie Christus uns beim Vater vertritt (Römer 8,34) und nicht in uns. Aus diesem Grunde finden wir auch das Wort Heiliger Geist nicht in 1. Korinther 14 erwähnt und Paulus sagt ausdrücklich im 14. Vers dieses Kapitels, dass der Geist des Menschen betet, nicht der Heilige Geist.

In dem Abschnitt »Das Wirken der Dynamis« mit der Überschrift »Übertragung« (S. 264) wird nun das magische Denken des Autors und seine Beurteilung gewisser Phänomene aus dieser Perspektive immer offensichtlicher. Wiederum mit der Berufung auf die Kraft *dynamis*, die von Jesus bei der Heilung der blutflüssigen Frau ausgegangen ist, behauptet Ouweneel: »Normalerweise geschieht es dadurch, dass der Heilungsdiener aktiv die *dynamis* auf den Kranken hinübergehen lässt. In der Bibel geschieht das gewöhnlich mittels der Hand, aber wenn es durch den Saum des Kleides möglich ist, dann natürlich auch durch andere Berührungen (z.B. durch die Füße)« (S. 264-265).

Allerdings sagte die Heilige Schrift nicht, dass vom Herrn Jesus »Wärme« oder »elektrischer Strom« ausging, sondern lediglich »Kraft«. Ob es ein sensorisch wahrnehmbares Phänomen war, bleibt völlige Spekulation.

Doch es kommt noch fragwürdiger. »Die *dynamis*, die im Leib des Heilungsdieners anwesend ist, kann offenbar auch auf materielle Hilfsmittel ›übertragen‹ werden und über diese die Heilung bewirken« (S. 265). Danach wird das Beispiel von den Schweißtüchern des Paulus angeführt (Apg 19,12). Dann heißt es: »Peter Tan vergleicht dieses mit der Weise, auf welche Elektrizität in Akkus oder Batterien gespeichert werden kann. *Die Salbung ist etwas Himmlisches – ein geistliches Etwas, das Gottes Kraft in sich hat und genau wie Elektrizität darin gespeichert werden kann*« (S. 265-266).

Hier ist zu befürchten, dass man in einer magischen wie abergläubischen Vorstellung von der Kraft Gottes gefangen ist. Nach dieser Technik verkauft Oral Roberts sein »heiliges Wasser«. Gemäß dieser Überzeugung laden Geistheiler Wasser energetisch auf, um es dann mit besonderer Wirkung teuer zu verkaufen. Genauso gut könnte man Weihwasser verspritzen. Dies entspricht völlig den magischen Praktiken und Ansichten der katholischen Kirche. Ohnehin fragt man sich, warum der Autor auf einmal in dieser Kirche so viele Gläubige wahrzunehmen und echte Wunderkräfte zu entdecken meint. So spricht er auch ganz offen davon, dass sich jetzt das Werk Gottes durch die katholische Welt Bahn bricht (S. 53).

Auch erwähnt Ouweneel unkritisch: »Der Arzt A. Carrel, der 1912 den Nobelpreis für Medizin erhielt, ist nach tief gehendem Studieren der Heilungen zu Lourdes zum Glauben gekommen und dann römisch-katholisch geworden« (S. 307).

Es ist nicht mehr die persönliche Haltung entscheidend, sondern der Kontakt mit einem »geladenen« Gegenstand. Wie sehr der Autor in die Nähe einer Kontakt- und Wortmagie rückt, zeigt folgende »Rechtfertigung« der Berührung von Bildschirmen: »Es zeigt sich in der Praxis gewöhnlich, dass Menschen auf diese Weise tatsächlich geheilt werden. Selbst habe ich miterlebt, dass Menschen, die den Fernsehschirm berührten, zu Boden sanken (manche würden sagen: ›im Geist fallen‹) und Mühe hatten aufzustehen, auch Personen, die dieser Berührung ziemlich kritisch gegenüberstanden. Nachher beschrieben sie diese Erfahrung als ekstatisch und läuternd. Auch sehe ich keinen prinzipiellen Unterschied zwischen dem Berühren eines Fernsehschirms und dem Gebrauch von Schweiß- und Gürteltüchern in Apg 19,11f. oder zum Beispiel im Alten Testament dem Stab Elisas« (S. 266).

Die Vorstellung einer quantifizierbaren und begrenzten Heilungsenergie wird auch zur Erklärung des Umfallens nach »Anblasen« benutzt: »Wenn viel *dynamis* im Dienst vorhanden ist, dann können sehr viele Menschen im Geist fallen, indem sie zum Beispiel bloß angehaucht werden; ich habe das mehrmals miterlebt, bei verschiedenen Dienern. Aber dadurch kann die *dynamis* auch ›verbraucht‹ werden!« (S. 306). Das »Verbrauchen« von Heilungsenergie ist aber wiederum das schon bald klassische Proprium der Geistheiler. Wo jedoch in der Heiligen Schrift findet sich eine Begründung hierfür in Bezug auf Wunder, die in der Kraft des Heiligen Geistes gewirkt wurden?

Interessanterweise muss Ouweneel auch selbst feststellen: »Bekannt ist, dass Magnetiseure über eine bestimmte Menge ›Kraft‹ verfügen, die schnell aufgebraucht ist, manchmal schon nach zwei oder drei Patienten. Dann müssen sie Ruhe haben, um aufs Neue ›aufzuladen‹. Das Eigenartige ist, dass *etliche* Heilungsdiener genau dasselbe bezeugt haben …« (S. 297). Das ist nicht das Eigenartige, sondern eben das Typische. Der Autor bringt dann sogar das Beispiel von Branham, der auf die »Salbung« warten musste, bei ihm sogar konkret in der Gestalt eines Engels (S. 297).

Weil diese Parallelen zum Okkultismus so offensichtlich sind, weist der Autor selber auf diese Möglichkeiten hin und listet auf den Seiten 268-269 die Ähnlichkeiten auf. Mit diesen Hinweisen und den folgenden Ausführungen werden mögliche Gefahren aufgezeigt und fragende Gemüter scheinbar biblisch beruhigt. In Wirklichkeit ist dies eine weitere Verschleierung. Denn dass gewisse Phänomene zu Beginn da waren, heißt noch lange nicht, dass damit ihr heutiges Auftreten gerechtfertigt ist. Denn das Wesen der Verführung am Ende der Tage wird laut Warnung der Bibel besonders in der Imitation liegen (2Tim 3,8).

Dies hängt mit biblischen Lehraussagen zusammen, die ich gerade von diesem Autor selber gelernt habe, nämlich die Parallele der Begriffe von Hebr 2,4 und 2Thes 2,9. Gemäß der Gleichheit dieser drei griechischen Worte muss man am Ende der Tage eine Bewegung erwarten, die aussieht wie die Urgemeinde. »Hätte ich nie von einer Pfingst- oder charismatischen Bewegung gehört, müsste ich von der biblischen Prophetie her annehmen, dass genau so etwas kommen muss. Es würde auch erklären, warum diese Strömungen wachsen müssen, je näher die Wiederkunft Jesu rückt« (O-Ton Ouweneel).

Mir fiel es damals wie Schuppen von den Augen, warum diese Bewegung immer mehr an Boden gewinnen wird und sich für ihre Phänomene ständig auf die Apostelgeschichte beruft. Ich habe dies auch lehrmäßig weitergetragen und es hat sich buchstäblich vor unseren Augen erfüllt. Von dieser Parallele her gesehen wird der Feind nun tatsächlich alle Kräfte der ersten Gemeinde am Ende der Tage imitieren, ob wir das glauben wollen oder nicht.

Unsere Zeit erinnert in moralischer Hinsicht an Sodom und Gomorra. Gleichzeitig treten immer mehr Wunderheiler, »Heilungsdiener« und Propheten, ausgestattet mit großen »Wunderkräften«, auf. Der wahre Gradmesser der Gottesfurcht und des Geprägtseins vom Heiligen Geist sind jedoch nicht Zeichen und Wunder, sondern gemäß Eph 5,18-20 moralische Reinheit und persönliche Selbstkontrolle bzw. Enthaltsamkeit. Das erste Symptom mangelnder Gottesfurcht ist Unzucht, Hurerei, Ehebruch und als letztes Stadium dann die Perversion. Hätten wir nur den Bruchteil einer Erweckung, Homosexualität oder Abtreibung wären überhaupt kein Thema. So aber ist zu befürchten, dass wir Zeugen eines okkulten Dammbruchs werden, der auch vor christlichen Kreisen nicht haltmacht.

Heilt die Kranken! ist ein Plädoyer dafür, doch wieder einen Jesus der Sinne zu haben, der ähnlich wie in Johannes 6,2 viele Menschen anzog, weil er sie heilte. Als sie ihn vor ihr Programm spannen wollten, zog er sich zurück (Joh 6,15). Als der Herr versuchte, die Menge zu der wahren Bedeutung hinzuführen, nämlich der geistlichen (Joh 6,63), verabschiedeten sie sich in hellen Scharen (Vers 66).

Abschließend würde ich dieses Buch als eines der verführerischsten unserer letzten Tage einordnen, gerade auch, weil es neben diesen tragischen Entgleisungen auch so viel Richtiges und umfassend Wissenswertes enthält, geschrieben von einem Mann, der offensichtlich einen Paradigmenwechsel erlebt hat. Ob er sich durch diesen Kurswechsel der Wahrheit der Heiligen Schrift angenähert hat, ist angesichts der beschriebenen Fragwürdigkeiten zu bezweifeln.

In Lukas 16 lesen wir die bekannte Geschichte von dem reichen Mann, der aus dem Totenreich (Vers 23) heraus mit Zeichen und Wundern missionieren möchte (Vers 30). Die Bibel sagt uns voraus, wie am Ende der Tage das Totenreich (Hades) weltweit über die Menschheit hereinbrechen wird (Offb 6,8). Parallel dazu wachsen immer stärker die Vorschläge, wir bräuchten wieder die Kräfte der ersten Christen, wir benötigten Zeichen und Wunder zur Missionierung der Welt.

Es ist zu befürchten, dass die Seminare und Veröffentlichungen zum Thema Heilung des einst so begnadeten Bibellehrers W.J. Ouweneel Kurse zur medialen Umfunktionierung der Gläubigen geworden sind. Eine Entwicklung, über die man eigentlich nur weinen kann. Ich kenne kein Buch, das in gewisser Hinsicht so ein leidenschaftlicher und raffinierter Appell ist, sich fragwürdigen übernatürlichen Kräften zu öffnen. Wer als Gläubiger im medialen Bereich empfänglich ist, was in unseren Tagen dank der gegenwärtigen Okkultinvasion immer häufiger zu beobachten ist, wird dankbar für dieses Werk sein. Es ist zu befürchten, dass es eine Schneise der Verführung, Verwirrung und Spaltung in die Reihen einer ohnehin schon gebeutelten Christenheit schlagen wird. Man kann nur flehen, dass Gott sich doch noch unverdienterweise erbarmen möge.

Rezension von J.G. Fijnvandraat

Vorurteile überwinden

Gleich zu Beginn möchte ich sagen, dass ich die Schriften von W.J. Ouweneel in früheren Jahren mit großer Wertschätzung gelesen habe. Seine klare Schriftauslegung in einfacher, eingängiger Sprache hat mich stark angesprochen. Dies umso mehr, seit er das Schwarz-Weiß-Denken seiner frühen Jugendjahre abgelegt hatte. Mit seiner abgeklärten Interpretation der Grundsätze des Zusammenkommens der Gläubigen – die im Grunde eine Rückkehr zu dem war, was die Brüder um 1830 bewegt hatte – konnte ich mich von Herzen identifizieren, nicht zuletzt, weil ich die späteren Entwicklungen innerhalb dieser Bewegung nicht immer gutheißen konnte, obwohl ich darin in gewissem Umfang mitgegangen bin.

Ouweneel schreibt in seinem Buch, dass er mit vielen Vorurteilen aufgewachsen ist, und er bedauert die Bemerkungen, die er in seinem Buch »Der Herrschaftsbereich der Schlange«[1] über verschiedene Heiler und Befreiungsdiener geschrieben hat. Die Leser seines Buches »Heilt die Kranken!«[2] bittet er um die Bereitschaft, ihre Vorurteile ebenso rigoros der Schrift zu unterwerfen, wie er es selbst zu tun versucht habe (siehe S. 13-15).

Wer mich kennt, der weiß, dass ich ebendiese Bereitschaft auch aufgebracht habe in Bezug auf das Ablegen bestimmter Vorurteile, soweit es um gewisse Ideen geht, die in späteren Jahren der Brüderbewegung hinsichtlich des oben erwähnten Zusammenkommens der Gläubigen lanciert worden sind. Hierin habe ich Bruder Ouweneel zur Seite gestanden, habe ihn sogar verteidigt gegenüber Brüdern, die ihn nach meiner Überzeugung falsch beurteilten im Blick auf die Wende in seinem Denken über solche Fragen.

Die vorliegende Darlegung meiner Gedanken aus den neunziger Jahren des vorigen Jahrhunderts hat bei vielen die Frage

---

1 Ouweneel, W.J.: Het domein van de slang, Amsterdam, 1980.
2 Ouweneel, W.J.: Nachtboek van de ziel, Amsterdam, Vaassen, 1998.

aufkommen lassen, ob ich Ouweneels Auffassungen über Krankheiten und Heilungen teile, wie er sie in verschiedenen Vorträgen und Artikeln der letzten Jahre geäußert hat. Nun, dies ist ganz entschieden nicht der Fall.

Trotzdem bin ich natürlich bereit, meine eventuellen Vorurteile aufzugeben, aber dazu müsste Ouweneel dann schriftgemäße Argumente bieten, die deutlich aufzeigen, dass meine bisherige Auffassung über Krankenheilung falsch ist! Bei der Durchsicht von »Heilt die Kranken!« sind mir solche Argumente nicht begegnet. Meine Sichtweise konnte deswegen auch nicht verändert werden.

Ich muss nun dazu sagen, dass ich mir schon früher Sorgen gemacht habe über bestimmte Auffassungen, die Bruder Ouweneel in den letzten Jahren veröffentlicht hat. Ich erwähne in diesem Zusammenhang das Buch »Nachtbuch der Seele«, das ich in seiner Karriere als Autor bis heute als einen Tiefpunkt ansehe. Aber das ist ein Kapitel für sich. Ich erwähne es nur, um damit anzudeuten, dass ich auch an dieses neue Buch mit einer gehörigen Portion Skepsis herangegangen bin.

Weitere Gründe für meine Skepsis

Vor etwa einem halben Jahrhundert habe ich das Auftreten von Zaiss und Osborn miterlebt. Das Auftreten dieser »Heiler« und vieler, die nach ihnen gekommen sind, hatte nach meiner Überzeugung nichts gemein mit den Heilungen, von denen uns die Bibel berichtet; und das gilt auch für das, was viele andere heutzutage machen. Ich sage damit nicht, dass ich nicht an wunderbare Heilungen glaube. Ich weiß von einem Gläubigen in der Umgebung von Leeuwarden, der so schwer unter Rheumatismus litt, dass er seine Feldarbeit nicht mehr ausführen konnte. Während der Arbeit auf seinem Acker berief er sich im Gebet zu Gott auf Seine Macht, ihm helfen zu können, und er flehte zu Gott, dies jetzt zu tun. In demselben Augenblick wich das Rheuma und er konnte seine Arbeit, die Kartoffeln aus dem Acker zu buddeln, unbehindert fortsetzen. Dies ist aber etwas ganz anderes als das, was heute so oft propagiert wird.

Als Reaktion auf das Buch von Osborn »Sieben Schritte, um von Christus Heilung zu erfahren« habe ich damals die Broschüre geschrieben »Die sogenannte Gebetsheilung – geprüft an der Schrift«.[3] Darin habe ich Osborns Argumente an der Heiligen Schrift geprüft; nach meiner Einsicht konnte kein einziges dieser Prüfung standhalten.

Nun muss ich zwar sagen, dass Ouweneel einige dieser Argumente in seinem Buch »Heilt die Kranken!« zurückweist. Er geht dabei allerdings so nuancierend vor, dass er sich letzten Endes doch in demselben Fahrwasser bewegt.

Ein wichtiger Unterschied

Nun zur Sache: Es ist sicher von Nutzen, wenn ich hier eine wichtige Unterscheidung in der Frage der Krankenheilung hervorhebe, auf die ich schon in der genannten Broschüre über Gebetsheilung eingegangen bin: Gemeint ist die Unterscheidung zwischen

I. Heilung aufgrund von Gebet und

II. Heilung aufgrund der Ausübung der »Gabe der Heilungen«

Dieser Unterschied ist meines Erachtens von fundamentaler Bedeutung. Wenn man diesen Unterschied aus dem Auge verliert oder sogar behauptet, er bestehe nicht – was leider sehr oft geschieht –, ist absolute Verwirrung die Folge. Ouweneel verwirft diese Unterscheidung, weil er eine völlig andere Sichtweise über den Besitz von Gaben hat und weil er glaubt, dass die Ausübung der Gabe der Heilungen mit Gebet verbunden ist. Darauf gehe ich später noch genauer ein.

Auf den oben in Fettdruck erwähnten Unterschied möchte ich nun näher eingehen.

Zu I. Heilung aufgrund von Gebet

Dieser Aspekt wird in Jakobus 5,13-16 näher beleuchtet. Es geht in diesem Abschnitt um einen Kranken, der die Ältesten der Gemeinde zu sich rufen soll. Diese Ältesten sollen über ihm

---

3   http://www.jaapfijnvandraat.nl/index.php?page=artikel&id=2557.

ein Gebet sprechen und ihn dabei im Namen des Herrn mit Öl salben. Dieses gläubige Gebet würde dann den Kranken gesund machen.

Natürlich ist es möglich, dass Gläubige persönlich oder auch als Gruppe – z.B. als örtliche Gemeinde – für einen Kranken bitten. Wir finden dafür zwar kein direktes Vorbild im Neuen Testament, aber wir können dies einbegriffen denken in solche Stellen, die die Notwendigkeit und den Wert des Gebets (der Fürbitte) beschreiben, wie auch in die Anweisungen, dass wir füreinander Sorge tragen sollen (vgl. Apg 12,5). Nun aber geht es darum zu untersuchen, was die Vorschrift in Jakobus 5 beinhaltet. Hier nun können wir Folgendes feststellen:

a. Die Bitte um das fürbittende Gebet geht von dem Kranken aus.
b. Die Ältesten der Gemeinde sollen gefragt werden.
c. Sie salben den Patienten mit Öl, und es ist ihr gläubiges Gebet, das Heilung bewirkt.
d. Für dieses Bitten um Heilung ist nicht eine Gabe erforderlich, sondern Glaube.

Mit Nachdruck betone ich, dass die Heilige Schrift nicht über »Gebetsheiler« spricht. Einen solchen Ausdruck oder eine solche Funktion kennt die Bibel nicht. Ebenso wenig finden wir in diesem Abschnitt oder sonst wo in der Schrift, dass Kranke zu jemandem gehen sollen, der sich auf das Gebet mit Kranken spezialisiert hat. Das würde nämlich bedeuten, das Gebet einer solchen Person hätte mehr Gewicht bzw. mehr Wirkung als das Gebet der Ältesten einer Gemeinde oder anderer Christen überhaupt.

Ich persönlich glaube übrigens, dass sich diese Verse in Jakobus 5 auf Krankheiten beziehen, die die Folge von Sünde sind. Welche Gründe ich dafür habe, werde ich bei der Besprechung von Kapitel 10 klären.

Zu II. Heilung aufgrund der Ausübung der »Gabe der Heilungen«

Für das Ausüben der Gabe der Heilungen gibt es in der Schrift ziemlich viele Beispiele. Kennzeichnend für alle diese Fälle ist Folgendes:

a. Es wird der Auftrag erteilt, Kranke gesund zu machen, nicht aber ein Befehl, mit ihnen zu beten.
b. Es ist nicht die Rede von einem Gebet mit dem oder für den Kranken. Oft wird stattdessen dem Kranken selbst ein Befehl gegeben (s. u.a. Apg 3,6). Es kann in diesem Fall also nicht von Gebetsheilung gesprochen werden.
c. Es wird von einer Gabe und einer Kraft der Heilungen gesprochen.
d. Die Heilungen und andere Zeichen geschehen in Zusammenhang mit der Verkündigung des Evangeliums und dienen der Bestätigung und Unterstützung des Zeugnisses der Predigt (s. Mk 16,15-18; Hebr 2,3-4).

Folgen wir der Apostelgeschichte, so bemerken wir, dass die Jünger durchaus keine Genesungskampagnen durchgeführt haben, sondern ausgingen, um das Evangelium zu predigen, wobei Heilungen als Begleiterscheinungen stattfanden.

Nützlich ist sicher noch der Hinweis, dass, wenn in unserer heutigen Zeit die Gabe des Heilens ausgeübt wird, ein eventueller Misserfolg nicht etwa dem Kranken angelastet werden darf. Im Gegenteil, wer diese Gabe ausüben möchte, müsste sich in einem solchen Fall die Frage stellen, ob er selbst genug Glauben dafür hat. Auch sollte er sich dann selbst die Frage stellen, ob er die Gabe der Heilungen überhaupt besitzt. Oft wird dagegengehalten, dass in der Bibel auch nicht alle Kranken gesund gemacht worden sind. Das stimmt natürlich, aber wir lesen niemals von einer versuchten Heilung, die etwa missglückt sei.

Das Buch Ouweneels trägt den Titel »Heilt die Kranken!«. Dieser Ausdruck hat also nicht mit Heilung aufgrund von Gebet zu tun, sondern mit der Ausübung der Gabe der Heilungen. Dies sollte vorweg bedacht werden.

Über das Buch im Allgemeinen

Bevor ich im Einzelnen auf das Buch eingehe, möchte ich etwas über das Buch in seiner Gesamtheit sagen, und zwar:

Erstens geht es mir bei dieser Beurteilung nicht um Unterschiede in bestimmten Detailfragen der Krankenheilung, sondern vielmehr um eine unterschiedliche Gesamteinschätzung – insbesondere angesichts dessen, was Ouweneel in früheren Jahren zu diesem Thema geäußert hat.

Zweitens möchte ich auf etwas hinweisen, was H.P. Medema kürzlich in der Einleitung zu Ouweneels 115. Buch geschrieben hat: »Dieser Autor schreibt nicht auf, was er schon weiß, sondern er geht, indem er schreibt, auf die Suche nach etwas, das er noch nicht weiß.« Diese Worte geben genau meine Empfindungen wieder, die ich beim Lesen verschiedener Ouweneel-Schriften habe. Ich gehe sogar noch ein Stück weiter als Medema: Nach meiner Einschätzung fehlt es so manchem Werk Ouweneels an Abgeklärtheit; das gilt auch für das vorliegende Buch über Krankenheilung.

Ein dritter Punkt ist, dass Ouweneel in seinem Buch die Namen verschiedener Personen aus charismatischen Kreisen nennt, die vielen Lesern, wie auch mir, völlig unbekannt sind. Was diese berichten, müssen wir ... einfach zur Kenntnis nehmen, nachprüfen können wir es nicht. Er gibt auch die literarischen Quellen an, aber wer hat schon Gelegenheit, diese Quellen zu durchforsten, um sich zu vergewissern, ob sie ansonsten zuverlässig und lehrmäßig einwandfrei sind?

Hiermit eng verbunden ist ein vierter Punkt: Sein ganzes Leben lang hat Ouweneel sich an bestimmte Personen gehängt und ist dabei manchmal auch peinlich auf die Nase gefallen. Danach hat er sich meistens mit großem Enthusiasmus auf neue Ideen gestürzt, mit denen er in Berührung kam. So hat er seinerzeit die zweibändige »Geschichte der Brüder«[4] veröffentlicht – auf der ersten »Bettelkonferenz« allerdings distanzierte er sich von dem Inhalt dieses Werks mit den Worten, es sei »his master's voice« (= die Stimme seines Herrn) gewesen. Was er damit sagen wollte, war klar: Er hatte darin die Auffassungen seines damaligen Lehrmeisters H.L. Heijkoop zu Gehör gebracht. Ouweneel ist ein hervorragender Gelehrter; drei Doktortitel zu erwerben, ist keine Klei-

---

4   Ouweneel, W.J.: Het verhaal van de »Broeders«, Bd. I + II, Winschoten, 1977 und 1978.

nigkeit. Deshalb skizziere ich seinen Charakter hier auch keineswegs, um ihn etwa herabzuwürdigen, sondern nur, um seine Leser zu warnen, damit sie nicht alles für bare Münze nehmen, was er schreibt, sondern es gründlich unter die Lupe zu nehmen. Das gilt natürlich für alles Geschriebene, auch für das, was ich geschrieben habe, aber es gilt wohl ganz besonders für dieses Buch über Krankenheilung. Insbesondere ist es nötig, darauf zu achten, auf welche Weise Ouweneel Schlussfolgerungen zieht. Das nämlich geschieht nicht immer sauber und sorgfältig.

Besprechung der Einzelheiten

Das Problem (Kapitel 1)

Wenn ich nun zur Besprechung der Einzelheiten des Buches komme, benutze ich um der Kürze willen häufig die Initialen des Verfassers: WJO. Manchmal macht Ouweneel Anmerkungen und erwähnt dabei, dass er in einem späteren Kapitel ausführlicher auf den betreffenden Punkt eingehen wird. In solchen Fällen warte ich, bis der betreffende Abschnitt dran ist, es sei denn, dass ein direkter, knapper Kommentar wünschenswert ist.

Heutige »Heiler«

Nachdem er seine Wertschätzung verschiedener »Heiler« zum Ausdruck gebracht hat, beruft sich WJO auf S. 14 auf die Bedeutung seiner persönlichen Erfahrung und nennt in diesem Zusammenhang die Namen von T.B. Joshua, Jan Zijlstra und Victor Emenike. Das Wort »Heiler« [im Niederländischen eigentlich: Heilungsdiener] kommt in der Heiligen Schrift nicht vor. An sich habe ich mit diesem Ausdruck keine Mühe, wenn er nur deutlich definiert wird, aber gerade das vermisse ich hier. Meint WJO damit Menschen, die mit Kranken beten, oder denkt er an Personen, die die Gabe der Heilungen ausüben? Wegen des oben von mir beschriebenen Unterschieds der Heilungsdienste wäre Klarheit diesbezüglich sehr wünschenswert! Auch in Bezug auf die

Beurteilung der Vorgehensweise der von WJO genannten Personen wäre das wichtig.

WJO beruft sich also auf seine Erfahrung und sagt, dass eine Theologie der Krankheit und ihrer Heilung bedeutungslos sei, wenn sie nicht an der Praxis gemessen werde. Ich selbst würde mich zwar viel lieber auf die Lehre beschränken und auf die Erscheinungsformen gar nicht eingehen, aber angesichts des Nachdrucks, den WJO gerade auf die Erscheinungen legt, kann ich mich kaum auch deren Beurteilung entziehen.

Meine Erfahrungen in der Vergangenheit mit solchen, die einen »Heilungsdienst« (um dieses Wort dann doch einmal zu benutzen) für sich in Anspruch nehmen, waren, wie schon angedeutet, nicht gerade sehr ermutigend, und von daher stehe ich auch den gegenwärtigen Vorkommnissen skeptisch gegenüber. Aber davon allein darf ich mich nicht leiten lassen. Andererseits erkenne ich durchaus nicht, dass ich bestimmten »Heilungsdiensten« nachgehen oder etwa gar eine Reise nach Nigeria unternehmen soll, um den von WJO genannten T.B. Joshua genauer kennenzulernen.

Trotzdem bin ich sehr wohl darüber auf dem Laufenden, was andere geschrieben haben, die das als ihre Aufgabe angesehen haben. Zunächst fällt auf, dass die Berichterstattung nicht einhellig positiv ist. Und das betrifft nicht etwa nur die Beurteilung derer, die solchen Sachen sowieso kritisch gegenüberstehen; nein, auch aus charismatischen Kreisen höre ich kritische Stimmen. Was ich von Gemeindeleitern gehört und was ich im Fernsehen gesehen habe, hat bis heute meine Skepsis nicht verringern können, im Gegenteil. So ist also klar, dass ich nicht ohne Weiteres »abfahre« auf die begeisterte Beurteilung, die WJO in seinem Buch bietet, wobei ich selbstverständlich die Aufrichtigkeit seines Urteils nicht bezweifle. Dabei will ich es vorerst belassen.

Auswüchse und Einseitigkeiten

Auf den Seiten 17-32 gibt unser Bruder eine ausgewogene Beschreibung der Auswüchse und Einseitigkeiten, die sowohl bei Gegnern als auch bei Befürwortern der Heilungslehre zu finden sind. Er gibt dazu einige wertvolle Hinweise, zu denen ich etwas anmerken möchte. Zu Recht bemerkt WJO, dass nach der Bekehrung oft besondere Erfüllungen mit dem Heiligen Geist stattfinden, und er beruft sich dazu auf verschiedene Schriftstellen (Anm. 7 auf S. 31). Anschließend sagt er auf S. 17, dass es nicht die geringsten Bedenken dagegen gibt, wenn hierbei das Handauflegen der Diener Gottes eingesetzt wird. Er führt dazu wiederum zwei Beispiele aus der Schrift an (Anm. 8), und zwar aus Apg 8,14-17 (Petrus und Johannes in Samaria) und Apg 19,6 (Paulus und die Johannesjünger). Diese Beispiele sind aber sehr speziell und können nicht verwendet werden, um die allgemeine Gültigkeit seiner Aussage zu stützen. Darüber hinaus liegt eine Gefahr in dem Handauflegen, wenn nämlich die ausübende Person okkult behaftet oder belastet ist.

Auf Seite 18 unten beruft er sich auf eine Aussage von Wimber, dass alle Gläubigen, die einen Heilungs- oder Befreiungsdienst ausüben, in Sprachen reden, und er findet, dass diese Aussage sehr vielsagend sei. Aber reden diese Menschen wirklich in Sprachen? Eine solche isolierte Aussage erfordert nämlich eine sorgfältige Untersuchung, was die Bibel eigentlich unter »Reden in Sprachen« versteht. Hierüber habe ich eine ausführliche Abhandlung geschrieben und empfehle diese zu lesen: siehe auf der Webseite www.jaapfijnvandraat.nl unter der Rubrik »Artikelen dubieuze uitleg« (in niederländischer Sprache; Anm. des Übersetzers).

Auf Seite 22 lobt WJO Kathryn Kuhlman und spricht über Tausende, die durch ihren Dienst zur Bekehrung gekommen sind, wie auch über Tausende, die durch sie gesund geworden sind. Tausende … was für eine Zahl! Ich frage mich allerdings, auf welche Quelle sich WJO hierbei beruft. Ich komme auf sie zurück, wenn ich den Abschnitt 2.2.2 bespreche.

Auf derselben Seite kritisiert WJO den Einwurf von »konservativer« Seite, dass wir doch nicht die Gabe suchen sollen, sondern den Geber. Ich kann seiner Kritik zustimmen, allerdings spricht er nur über Gaben; meine Frage ist, ob wir »Heiler« demnach als »Diener mit einer Gabe« ansehen müssen. Wenn ja, dann muss ich sie auch als solche beurteilen. Ich stimme auch überein mit seiner

Kritik an der Formulierung »niemand stirbt vor seiner Zeit«; ich habe darüber im Jahre 1989 einen ziemlich ausführlichen Artikel im »Bode van het Heil« geschrieben (Jahrg. 132, S. 116f.).

Ich teile auch Ouweneels Kritik an solchen, die allzu flott alle Heilungen dem Teufel zuschreiben. Diese Leute denken, Heilungen könnten nur entweder von Gott oder vom Teufel sein, und wenn man nicht überzeugt ist, dass eine bestimmte Heilung von Gott bewirkt wurde, dann schreibt man sie dem Teufel zu. Man vergisst dabei, dass eine Heilung auch auf Placebowirkung beruhen kann. Somit erhalten wir drei mögliche Quellen für eine Heilung:

- sie ist von Gott
- sie ist vom Satan
- sie ist eine Folge von Placebowirkung im Seelenleben des Patienten.

Unter einem Placebo verstehen wir ein Schein-Heilmittel. Die Worte eines Heilers können nämlich als ein Placebo wirken. Der Missionsarzt Nolle beschreibt diese Wirkung etwa folgendermaßen: Man kann das Seelenleben eines Patienten mit einem See vergleichen, auf dessen Grund sich Felszacken befinden. Bei hohem Wasserstand bereiten diese Zacken einem Schiff keine Schwierigkeiten, wenn aber der Wasserspiegel immer tiefer sinkt, wird die Sache gefährlich. So kann jemand, der mit sich selbst beschäftigt ist, verschiedenste Beschwerden und Schmerzen empfinden oder sogar selbst hervorrufen, während er sich bei positiver Einstellung einfach darüber erheben kann. Deshalb spricht man auch von Leiden, die »nur im Kopf stattfinden«, und meint damit eingebildete Leiden. Solche Leiden gibt es tatsächlich, aber es gibt auch Fälle, wo zwar Leiden vorhanden sind, die aber auf die Person keine Auswirkung haben, weil sie sich einfach darüber erhebt.

Ich will noch auf die zweite Ursache eingehen, und zwar mit der Frage: Kann Satan wirklich jemanden gesund machen?

In den Evangelien oder in den Briefen finden wir das nirgendwo. Als (einziges?) Beispiel wird Offenbarung 13,3 angeführt, wo wir lesen, dass die tödliche Wunde des Tieres, das aus dem Meer aufgestiegen ist, geheilt wurde. Hier sind allerdings zwei Dinge dagegen zu sagen: Erstens steht dort nicht, dass es der Satan war, der die Wunde geheilt hat, und zweitens – und das ist wichtig! – wird hier gesagt, dass einer der Köpfe des Tieres wie zum Tode geschlachtet wurde; mit anderen Worten: Es geht hier nicht um das Tier als einer Person, sondern um das Reich, das in dem Tier vorgestellt wird.

Auf S. 25 schreibt WJO über das Bitten nach Gottes Willen (Punkt 2). Ouweneel stellt fest, dass man nirgendwo lesen kann, dass der Herr einem um Heilung bittenden Menschen gesagt habe: »Ich will nicht.« Das ist also eine Bemerkung über etwas, das nicht geschrieben steht; solche Hinweise kommen in dem Buch mehrfach vor. Aber was ist damit gesagt?! Hätte das Gegenteil denn unbedingt vermerkt werden müssen? Auf jeden Fall lesen wir, dass Gott auf das Gebet des Paulus, von dem Dorn in seinem Fleisch befreit zu werden, nicht etwa sagt: »Ich will es und werde es tun.«

Natürlich kann falsche Beruhigung bei einem Patienten eine Rolle spielen, aber ich denke an einen Bruder, der vielen Älteren sicher noch bekannt ist (Ravensberg). Dieser Mann, der viel unter Kranken gearbeitet und auch in dem Bibelkiosk in Amsterdam diente, hatte zwei Leiden; das eine war, soweit ich weiß, ein Magenleiden und das andere war Asthma. Er bat Gott um Genesung von dem ersten Leiden und wurde gesund. Auch wegen des Asthmas hat er zuerst gebetet, hörte dann aber damit auf, weil er verstand, dass es für seinen Dienst unter den Kranken nützlich sei, wenn er dieses Leiden behielt.

Auf S. 26 beruft sich WJO wieder auf Dinge, die im Text nicht angegeben sind (u.a. bei Jak 5,15): »Das Gebet des Glaubens wird den Kranken retten und der Herr wird ihn aufrichten …« WJO kommentiert: »Dann fügt Jakobus dem nicht hinzu: *wenn* das zumindest nach Gottes Willen ist.« Aber muss denn diese Aussage dabei erwähnt werden? Es ist ein billiges Argument, wenn man sich dafür auf Aussagen beruft, die eben nicht geschrieben stehen. Siehe dazu auch den folgenden Abschnitt.

Haben die Gaben nach der apostolischen Zeit aufgehört (S. 26, Punkt 3)? Wenn wir mit »Ja« antworten, müssen wir allerdings vorsichtig sein. Wir dürfen Gott in Seiner Allmacht und Souveränität nicht beschränken. Die Argumente für dieses zurückgewiesene »Ja« werden in Kapitel 4 näher besprochen; hier will ich nur darauf hinweisen, dass die Befürworter dieses Standpunkts sich oft darauf berufen, dass etwas Bestimmtes nicht geschrieben steht – in diesem Fall: dass nirgendwo geschrieben steht, dass die Gaben für immer bleiben werden. Das ist ein schwaches Argument, aber darf WJO seinerseits sich darauf berufen, dass etwas in Jakobus 5,15 nicht geschrieben steht? Und die Befürworter der genannten These, dürfen sie das nicht – im Blick auf Markus 16,17?

Über die Punkte 4 und 5 (»Schaden für Gläubige, die nicht geheilt werden« und »Keine biblischen Vorbilder für Heilungsdienst«, S. 28-29) kann ich mich kurz fassen. Ich bin mit WJO einig, dass wir nicht alles von vornherein abweisen müssen, wofür es kein direktes biblisches Beispiel gibt. Ich unterstreiche andererseits auch, was er am Ende von Punkt 5 sagt, dass wir dies sehr wohl tun müssen, wenn es um sonderbare Lehren geht, die zu klaren biblischen Grundsätzen ausdrücklich im Widerspruch stehen. Ich füge hinzu: und zur biblischen Moral.

Auch die Punkte 6 und 7 kann ich kurz behandeln. Es kommt vor, dass sonderbare Szenen eine Heilung begleiten. Aber dann werden es wirklich teuflische Manifestationen sein, z.B. beim Austreiben von Dämonen. Das ist etwas völlig anderes als wilde Begleiterscheinungen, die dem Geist Gottes zugeschrieben werden. In der Heiligen Schrift finden wir keine solchen Szenen anlässlich von Heilungen.

Über das unmittelbare Eintreten einer Heilung will ich bemerken, dass Heilungen in der Bibel sofort stattfanden und nur ein einziges Mal aus besonderem Grund eine Wiederholung nötig war, die dann auch unmittelbar nach der ersten Behandlung folgte (Mk 8,24). Niemals brauchte ein Geheilter nach Verlauf einer gewissen Zeit zum Herrn oder zu den Aposteln zurückzukehren, um wegen desselben Leidens ein zweites Mal »behandelt« zu werden, wie dies bei heutigen Heilern oft der Fall ist. Auch dieser Punkt kommt später noch zur Sprache.

Wunderheilungen in der Kirchengeschichte (Kapitel 2)

In Kapitel 2 spricht WJO über das interessante Thema »Wunderheilungen in der Kirchengeschichte«. Er beginnt das Kapitel allerdings mit den Argumenten, die vorgetragen werden, um den Dienst moderner Heiler in Misskredit zu bringen.

Zuerst erwähnt er die Angriffe auf die Lebenspraxis und den Predigtdienst heutiger Heiler. Ich meine, dass WJO diesen Sachverhalt nicht ehrlich darstellt. Man denke beispielsweise an Luther: Über seine Vorgehensweise und seine Ansichten über die Juden könnte man einiges anmerken. Das ist auch (von Freund und Feind) mit Recht vorgetragen worden; aber haben orthodoxe Christen das jemals benutzt, um den Dienst dieses Reformators zu diskreditieren? Niemals!! Gleiches gilt von Calvin und anderen Männern der Reformationszeit.

Warum geschieht dies dann aber bei den Gebetsheilern der Gegenwart? Weil bei einigen von ihnen Zweifel an ihrer Vertrauenswürdigkeit und an der Korrektheit ihrer Handlungen aufkommen und weil es um die Prüfung der Lehre geht, auf der das ganze Gebäude ihres Dienstes basiert. Man hat also konkrete, sachliche Argumente für seine Bedenken. Meine Erfahrung ist jedenfalls, dass, wenn man auf Dinge hinweist, die irgendwie nicht stimmig sind, sämtliche Bedenken einfach wegargumentiert werden.

Als zweiten Punkt nennt WJO das Argument, dass wir in der Endzeit leben und nur noch die Zeichen des Antichristen zu erwarten hätten. Seiner Kritik an diesem Argument stimme ich unbedingt zu. Die Zeichen des Antichristen sind »Wunder der Lüge«. Das bedeutet nicht, dass es Schein-Wunder sind, sondern dass sie dazu dienen, der Lüge Gehör zu verschaffen (vgl. 5Mo 13, 1-2). Dem gegenüber stehen die Zeichen der Wahrheit, die die zwei Zeugen in Jerusalem in der Nachfolge von Mose und Elia vollbringen (vgl. Offb 11,1-13). Eine ganz andere Sache ist, dass sowohl in der Vergangenheit als auch heute und in der Zukunft Zeichen vollbracht werden konnten und können, die den »Diener« vor Gott eben nicht bestätigen, weil der geistliche Zustand der betreffenden Personen nicht in Ordnung war bzw. ist (vgl. Mt 7,22).

Drittens kritisiert WJO die Auffassung, dass Heilungswunder auf die Zeit der Apostel beschränkt gewesen seien. Mit Recht sagt er, dass diejenigen, die diesen Gedanken befürworten, zwar nicht bestreiten, dass auch heute noch Heilungswunder geschehen, wohl aber, dass sie von »Heilungsdienern« vollbracht werden. Und doch trifft Ouweneel damit nicht den Kern der Sache, und das kommt unter anderem daher, dass er – wie schon bemerkt – nicht klar definiert hat, was er unter einem »Heilungsdiener« versteht.

Heilungen aufgrund von Gebeten (wie in Jakobus 5 beschrieben) haben führende Personen des 19. Jh. (u.a. J.N. Darby) nicht zurückgewiesen. Viele seiner Nachfolger haben das später allerdings getan; das ist bedauerlich, dennoch hat es gegen Heilungen aufgrund von Gebet nicht eine solche Aversion gegeben, wie häufig behauptet wird.

Beim Ausüben der Gabe der Heilungen liegt der Sachverhalt etwas anders.

Diese Gabe soll im Zusammenhang mit der Verkündigung des Evangeliums ausgeübt werden, sozusagen als Teil davon, und zwar dann, wenn eine Bestätigung des Evangeliums durch Zeichen angebracht ist.

Das wird allgemein anerkannt – z.B. in der missionarischen Situation. Der Ausübung dieser Gabe in der christlichen Gemeinde stand man sehr skeptisch gegenüber, unter anderem weil von Zeichen in biblischem Sinn wenig zu merken war. Ouweneel und andere schreiben das einem Mangel an Glauben zu. Aber auch bei denen, die genügend Glauben zu haben bekennen, ist trotz dieser ihrer Erklärungen wenig von echten Zeichen zu spüren.

Heilungen zur Zeit des heidnischen Römischen Reiches

Die von WJO genannten Beispiele machen nicht klar, dass es um Zeichen anlässlich der Verkündigung des Evangeliums bzw. um die Ausübung der Gabe der Heilungen geht. Dennoch spricht Ouweneel von »Wundergaben«, während es bei den von ihm genannten Beispielen um Gebetsheilungen geht. Hier sehen wir Formen der Verwirrung, vor der ich zu Beginn gewarnt habe.

Dieser Punkt 2.1.2 macht nicht den Eindruck, dass Wundergaben so allgemein verbreitet waren, wie WJO es darstellt. Seine Frage »Warum können sie es dann nicht auch in späteren Jahrhunderten gewesen sein?« bleibt eine offene Frage; aber vielleicht darf ich die Sache einmal umdrehen: Wenn durch den Dienst einer einzigen Frau, Kathryn Kuhlman, Tausende gesund geworden sind, wie Ouweneel angibt, dann müssen in der Zeit von 100 bis 300 n.Chr. doch sicher Zehntausende gesund geworden sein? Davon schweigt er allerdings. Anders gesagt: Er macht sich in diesem Abschnitt selbst etwas vor.

Man kann natürlich sagen, dass wegen der Sünden der Christen die Heilungen in späterer Zeit seltener wurden. Das ist eine Meinung. Der kann man eine andere gegenüberstellen, nämlich dass Gott es nicht mehr für nötig hielt, auf dem Boden des Christentums noch wunderbare Heilungen zu schenken.

Heilungen nach der Christianisierung des Römischen Reiches

In Kapitel 2.1.3 schreibt unser Bruder, dass nach der dramatischen Wende unter Konstantin (313 n.Chr.) die Heilungswunder nicht unmittelbar ausblieben. Nun braucht das ja auch nicht unmittelbar zu geschehen, sie können auch allmählich aufhören. Aber gut, auch in diesem Abschnitt geht es, soweit ich es beurteilen kann, wieder um Heilungen aufgrund von Gebeten.

Ouweneel nennt es einen großen Schlag für den Dienst der Heilungen, dass die Salbung mit Öl nicht mehr auf Kranke, sondern auf Sterbende angewendet wurde. Diese Kritik ist sehr berechtigt, jedoch weise ich darauf hin, dass nicht die Salbung an sich die Heilung bewirkt, sondern das Gebet des Glaubens. Das betont auch WJO. Letzten Endes ist es natürlich Gott, der die Heilung bewirkt, aber er tut dies aufgrund des gläubigen Gebetes derer, die in Fürbitte zu ihm kommen.

Die Reformation

Hier nun wird Luther zitiert, der nach Ouweneels Meinung eine neue und erfrischende Sicht auf den Heilungsdienst bewirkt hat.

Aus dem Zitat, das er aus den Tischreden übernimmt, kann ich allerdings nur erkennen, dass Luther bei allen schweren Erkrankungen den Teufel als Verursacher und Bewirker ansieht. Im Blick auf 2. Mose 4,11 (»Da sprach der Herr zu ihm: Wer hat dem Menschen den Mund gemacht? Oder wer macht stumm oder taub oder sehend oder blind? Nicht ich, der Herr?«) ist das aber, gelinde gesagt, eine sehr einseitige Darstellung. Wichtiger ist aber, dass es sich auch in dem Fall der Heilung Melanchthons um eine Gebetserhörung handelte.

Natürlich wäre es fantastisch, wenn wir voller Glaubenskraft wie Luther uns stark machten für Gebetserhörungen im Blick auf die Heilung von Kranken; aber darum geht es in diesem Abschnitt nicht. Wieder geht es ganz offensichtlich um Heilungen aufgrund von Gebeten. Es wird hier Jakobus 5,14 angeführt (s.S. 40 und vor allem 41 oben). Zu einer neuen Erkenntnis über Luthers Sichtweise zum Thema Heilungen trägt Ouweneel nichts bei.

Den Ergebenheitsgedanken von Calvin können wir auf sich beruhen lassen, dieser berührt nicht den Punkt, um den es mir geht. Es geht mir um die Frage, ob von Zeichen gesprochen wird, die die Verkündigung des Evangeliums unterstützen, oder von Heilungen aufgrund von Gebet.

Der Protestantismus

In diesem Abschnitt 2.2.2 nennt WJO viele Personen, von denen Heilungswunder berichtet werden. Es ist ermüdend, dass ich schon wieder in dieselbe Kerbe schlagen muss, aber hier rächt sich aufs Neue, dass Ouweneel nicht angibt, welcher Art die von diesen Menschen vollbrachten Heilungen sind.

Davon unabhängig ist die große Frage, wie vertrauenswürdig die Berichte über diese Heilungen sind. Viele der genannten Personen kenne ich nicht und gehe deshalb nicht auf sie ein; zu einigen aber möchte ich doch ein paar Bemerkungen machen.

Edward Irving (Gründer der »katholisch-apostolischen Kirche«, aus der die »neuapostolische Kirche« hervorgegangen ist): Ein außergewöhnlich begabter Prediger, aber nicht frei von bedenklichen Lehren und sonderbaren Auffassungen über das Apostelamt, das nach seiner Ansicht wiederhergestellt werden müsse.

A.B. Simpson: Von ihm werden viele Heilungswunder bezeugt. Vor einigen Jahren aber las ich einen Bericht von einer Schwester, die dreißig Jahre mit ihm zusammengearbeitet hatte. Diese Frau war schockartig zur Besinnung gekommen, als eine Patientin unter anderem auf ihr Anraten die notwendigen Medikamente nicht mehr eingenommen und ärztliche Hilfe zurückgewiesen hatte und danach starb. Sie ließ dann den dreißig Jahre währenden Dienst von Simpson an ihrem geistigen Auge vorübergehen und kam zu der Erkenntnis, dass sie in all den dreißig Jahren nicht eine einzige echte Heilung miterlebt hatte. War sie demnach eine Betrügerin? Nein, sondern sie glaubte der Aussage, dass Gott auch heute noch wunderbare Heilungen wirken will, und sie nahm (unkritisch) das, was sie vor ihren Augen geschehen sah, als Erfüllung dieses Glaubens an. So betrog sie sich selbst und dadurch auch andere.

Kathryn Kuhlman: Eine umstrittene Figur. WJO weist selbst darauf hin, indem er auf S. 46 eine Beschreibung ihres Auftretens durch John Wimber wiedergibt. Über sie hatte ich schon früher Folgendes gelesen: Wenn sie das Podium betrat, fielen die sie dort erwartenden Personen wie Streichhölzer rücklings zu Boden, bevor noch ein einziges Wort gepredigt worden war! Dieses Rückwärtsfallen nennt man »Fallen im Geist«; ich kann nun aber wirklich nichts daran erkennen, was der Verherrlichung Gottes dient. Hierbei verweise ich auf meine Webseite (niederländisch: Artikelen dubieuze uitleg, »Vallen in de Geest – is dat bijbels?«), wo ich in zwei Artikeln die Argumente für meine Auffassung dargestellt habe (Anmerkung: Dieser Artikel ist auf www.soundwords.de ins Deutsche übersetzt erschienen: »Ist Fallen im Geist biblisch?«[5]).

William Branham: Mit Recht nennt Ouweneel ihn eine extravagante Figur, und dennoch erwähnt er ihn, obwohl dieser Mann eine flagrante Irrlehre vertrat!! Er nennt ihn sogar an mehreren Stellen seines Buches. Ich kann das absolut nicht verstehen und

---

5   http://www.soundwords.de/artikel.asp?id=1592.

frage mich, inwieweit WJO durch seine Auffassungen über Krankenheilung verblendet ist, sodass er die Realität aus dem Auge verloren hat.

Hermann Zaiss: Ihn habe ich schon früher erwähnt. Ich erinnere mich noch gut an seine Auftritte, aber von Heilungswundern in unserem Land habe ich nichts mitbekommen – eher vom Gegenteil. Jemand, den ich persönlich kannte, war durch ihn von einem Herzleiden geheilt worden. In einer damals bekannten Zeitschrift gab er Zeugnis davon, ist aber kurze Zeit danach an ebendiesem Herzleiden verstorben, von dem er in Wirklichkeit nie genesen war.

Karel Hoekendijk: Ebenfalls eine zweifelhafte Figur auf dem Gebiet der Heilungen. Mein Bruder hat einmal einen seiner Auftritte in Leeuwarden miterlebt und war – freundlich ausgedrückt – nicht gerade entzückt.

Johan Maasbach: War ein flotter Geschäftsmann, der es wohl verstand, seine Botschaft an den Mann zu bringen, wie auch beträchtliche Kollektensummen hereinzuholen, wozu er Eimer im Saal herumgehen ließ. Hierin war er übrigens nicht der Einzige; jemand hat es einmal so zugespitzt: Diese Menschen haben nach ihren eigenen Worten Glauben für gewaltige Dinge, außer für die finanzielle Kalkulation ihrer Kampagnen. Das ist hart formuliert, stimmt aber mit der Realität überein! Während einer seiner Rundfunkpredigten hörte ich, wie Maasbach seine kranken Zuhörer aufforderte, ihre Hand auf den Radioempfänger zu legen, er würde dann mit ihnen um Genesung beten. Hierdurch wurde der Eindruck erweckt, als bekämen die Kranken dann direkten »Ätherkontakt« mit ihm. Die Ausstrahlung dieser Aufnahme fand allerdings statt, nachdem seine Predigt längst gehalten war. Somit musste nicht nur die räumliche Entfernung überbrückt werden, sondern auch noch die Zeit! Es klingt zwar hart, aber ich neige dazu, dies als »Dummenfang« zu bezeichnen. Wir werden später sehen, dass WJO den Gedanken an eine derartige Kraftübertragung sogar unterstützt.

T.L. Osborn: Im Radio und in der Zeitung habe ich Berichte über seine Feldzüge verfolgt, und ich darf getrost sagen, dass es »heiße Luft« war. In der Zeitung stand damals eine Klage des Pflegepersonals einer psychiatrischen Einrichtung in Zuid Laren, die darüber seufzten, dass Osborn in Groningen gewesen sei und sie nun vor einem riesigen Scherbenhaufen stehen, weil so viele Menschen geistlich völlig aus der Bahn gekommen waren.

In einem späteren Artikel aus Amerika wird berichtet, wie durch seinen Dienst jemand von den Toten auferstanden sei. Osborn ließ die Bretter, auf denen der »Tote« gelegen hatte, aus dem Podium herauslösen, in kleine Stücke zerteilen und als »Heilungsreliquien« verkaufen. Mit Recht hat Dr. Hegger, der doch charismatischen Aktivitäten nicht gerade abweisend gegenübersteht, diese Praxis scharf verurteilt.

In der bereits erwähnten Broschüre »Die sogenannte Gebetsheilung – geprüft an der Schrift«[6] habe ich Osborns Lehrauffassungen unter die Lupe genommen; hinter dem Inhalt dieser Broschüre stehe ich im Großen und Ganzen noch heute.

Temilope Balogun Joshua: Dies ist auch eine sehr umstrittene Figur – sogar in charismatischen Kreisen. Ich sehe davon ab, dies näher darzulegen, denn es ist über diese Person so viel pro und kontra geschrieben worden, dass sich wohl jeder darüber ein Bild machen kann.[7]

Jan Zijlstra: Auch ihn erwähnt WJO. Er ist viel ausgeglichener als andere Heiler. Ich habe das Interview gesehen, das Andries Knevel mit ihm in der Sendung »Die elfte Stunde« geführt hat und das bei mir sehr gut angekommen ist. Es ist eine von Zijlstra bewirkte Heilung in Dokkum bekannt, die ziemlichen Eindruck gemacht hat. Eine Schwester, die gesundheitlich ein Wrack war, ist gesund geworden und steht heute sehr aktiv in geistlicher Arbeit. Und doch glaube ich, dass Zijlstra zwischen Heilung durch Gebet und Heilung in Anwendung der Gabe der Heilungen nicht immer klar unterscheidet. Jedenfalls las ich in einem Zeitungsartikel, dass Zijlstra mit einem Rheumapatienten betete und auch dem Rheuma befahl, den Patienten zu verlassen. Es ist zwar bedenklich, aufgrund eines Zeitungsartikels zu urteilen, aber es handelte

---

6 http://www.jaapfijnvandraat.nl/index.php?page=artikel&id=2557.
7 Inzwischen hat J.G. Fijnvandraat eine Stellungnahme zu T.B. Joshua veröffentlicht: http://www.jaapfijnvandraat.nl/index.php?page=artikel&id=3116.

sich hier um eine seriöse Tageszeitung. Es fiel mir auch auf, dass in der TV-Ausstrahlung eines Heilungsdienstes von Zijlstra keine Heilungen zu sehen waren. Eine Wiederherstellung deformierter Gliedmaßen oder Ähnliches fand nicht statt. Ich vermisse also für den Zuschauer verifizierbare Wunderheilungen. Aber gut, ich warte ab, wie sich dieser Bruder entwickelt und bin für eine positive Bewertung offen.

Indem man bestimmte Personen kritisch beurteilt, kann man natürlich de facto seine eigene Meinung suggerieren. Diese Gefahr sehe ich sehr wohl. Andererseits ist natürlich die Frage, ob Gott Personen gebrauchen will, an denen kräftig Kritik zu üben ist. Anhänger solcher Personen sind dagegen in der Gefahr, jede Kritik unter den Teppich zu kehren. Ich habe es selbst erfahren, dass, wenn man vorsichtig auf manches Anfechtbare hinweist, dies beiseitegeschoben wird mit Einwänden wie etwa: »Es muss doch nicht alles genauso laufen, wie es in der Bibel steht!« Das braucht es auch wirklich nicht, denn die Beispiele in der Bibel beschreiben oft nur, was geschehen ist, schreiben aber nicht vor, wie es geschehen muss. Das Anstößige mancher Situationen kann damit aber nicht beseitigt werden.

Eine Frage am Ende dieses Abschnitts: Sind während der Kampagnen, die die von WJO genannten Personen durchgeführt haben, gewaltige Wunder geschehen – und zwar in dem Sinn, wie die in der Apostelgeschichte beschriebenen? Eben davon bin ich nicht überzeugt. Jemand hat darauf hingewiesen – ich glaube in Bezug auf Lourdes – dass wohl viele zurückgebliebene Krücken zu sehen waren, aber keine Beinprothesen. Diese Bemerkung trifft auch auf einen weltlichen Heiler zu, dessen Wartezimmer voller Krücken hing.

Ouweneel schreibt selbst, dass an einigen der erwähnten Personen Kritik zu üben ist, und dennoch führt er sie an, als ob die Anzahl überzeugen müsse. Hier drängt sich das bekannte Wort auf: Wer zu viel beweisen will, der beweist am Ende gar nichts. Ich hoffe, dass es keine Neuauflage von »Heilt die Kranken!« geben wird, falls aber doch, dann sollte dieses Kapitel meines Erachtens vom Verfasser überarbeitet werden.

Die Brüderbewegung

Dies ist ein sehr interessanter Abschnitt. Für Jüngere, die mit dieser Bewegung verbunden sind, wird es wohl einigermaßen enthüllend sein, was WJO über J.N. Darby schreibt. Denn dieser Führer in der Bewegung stand der praktischen Anwendung von Jakobus 5 durchaus nicht ablehnend gegenüber. Mehr noch, er hat die Krankensalbung in einigen Fällen sogar selbst angewandt. Ebenso meinte Darby, dass Christen in der Lage sein müssten, im Namen Jesu Christi Dämonen auszutreiben. Dann aber schreibt Ouweneel auf S. 50, dass Darby selbst die nähere Ausarbeitung von »Seitenlinien« seiner Lehre blockiert habe. Dabei weist er z.B. hin auf Darbys Auffassung, dass die »Zeichengaben« nur zur Einführung des Christentums bestimmt gewesen seien und dass es für ihre Fortsetzung keine Hinweise gebe. Darauf reagiert WJO mit der Gegenfrage, ob es denn Hinweise für ihre Beendigung gebe, und unter Hinweis auf Kapitel 2.1.2 behauptet er, dass es allerdings Hinweise für die Fortsetzung dieser Gaben gebe. Diese Frage kommt in Kapitel 4 ausführlich zur Sprache; deshalb hier nur dieser Hinweis: Für die Beendigung der Zeichengaben (...) sind sehr wohl Argumente aus der Schrift anzuführen, und der Verweis nach Kapitel 2.1.2 besagt nicht sehr viel, weil an verschiedenen der dort genannten Zeugnisse schwerwiegende Kritik zu üben ist und es dabei nicht klar ist, ob es dort um Zeichengaben geht, die im Dienst der Predigt des Evangeliums ausgeübt worden sind.

Wodurch werden Menschen krank? (Kapitel 3)

Schwierig zu kommentieren

Dieses Kapitel ist (wie auch einige der folgenden) schwierig zu besprechen, und zwar

a. weil der Autor bei verschiedenen Bemerkungen auf eine spätere Behandlung verweist, wodurch die Besprechung erst einmal aufgeschoben ist. Auf dämonische Einflüsse und die Wirkungen von Verfluchungen komme ich ebenfalls später zurück.

b. weil er eine sorgfältige Besprechung bietet, indem er auch solche Stellen anführt, die seiner Beweisführung widersprechen, dabei aber – bewusst oder unbewusst – die Bedeutung dieser Stellen zugunsten seiner eigenen Ideen umbiegt.

c. weil er manchmal Gedanken vorträgt, für die man ebenso gut auch alternative Ideen vorbringen könnte.

Die Leib-Seele-Problematik

In Kapitel 3.2.1 geht WJO auf das problematische Verhältnis Seele – Leib ein und weist den sogenannten Dualismus zurück. Demgegenüber stellt er fest, dass der Mensch in Bezug auf Seele und Leib eine Einheit ist. Man könne wohl Aspekte unterscheiden, nicht aber verschiedene »Teile«.

Diese Auffassung wird vielen Lesern neu sein und sie vielleicht irritieren. Aber auch ich teile in gewisser Hinsicht diesen Gedanken und weise den sogenannten Dualismus ab.

Wenn man die Einheit des Menschen so betont, liegt der Schluss nahe, dass auch mit dem Tod der ganze Mensch stirbt. Genau das sagt Ouweneel auf S. 88. Aus diesem Grund ist unser Bruder vor einigen Jahren (zu Unrecht) beschuldigt worden, er lehre die Vernichtung des Menschen beim Tode (Lehre der Seelenvernichtung). Dies ist einer der Fälle, in denen ich WJO gegen falsche Beschuldigungen verteidigt habe. Er lehrt nämlich sehr wohl, dass der Mensch nach dem Tod fortbesteht. Damals hat er es so formuliert, dass Gott den Menschen nach dem Tod mit einem zeitlichen Leib ausstattet. In »Heilt die Kranken!« drückt er sich sehr vorsichtig aus: »Es ist der ganze Mensch, der stirbt, und auf eine für uns unergründliche Weise den leiblichen Tod ›überlebt‹« (S. 88).

Dies Letzte ist mir allerdings zu vage; ich tendiere, was das Sterben betrifft, zu einer anderen Sichtweise als Ouweneel. Dabei gründe ich mich auf die Art, in der die Schrift über den Leib des Menschen spricht.

Der Leib als eine Hütte

In einigen Schriftstellen wird der menschliche Leib nämlich mit einer Hütte bzw. mit einem Zelt verglichen. Das lässt die ganze Sache doch etwas komplexer erscheinen, als WJO sie darstellt.

Ich verweise auf 2. Korinther 5,1.4. In Vers 1 spricht Paulus über den Leib als einer irdischen Hütte, in der wir wohnen. Diese Wohnung wird abgebrochen. Ich lasse jetzt offen, wann das geschieht: beim Sterben oder bei der Wiederkunft des Herrn. Es geht mir nur um die Worte »Hütte« und »wohnen« in dieser Hütte.

In Vers 4 benutzt der Apostel das Bild, »entkleidet« zu werden, und bezieht dies offensichtlich auf das Ablegen des »sterblichen Leibes«. Nach meinem Eindruck kommt dieselbe Vorstellung, »in dem Leib zu wohnen«, auch in Philipper 1,20 zum Tragen, wo Paulus die Formulierung »in meinem Leib« benutzt, was er kurz danach mit »Bleiben im Fleisch« umschreibt.

Auch Petrus drückt sich sehr ähnlich aus: Er gebraucht die Wendung »solange ich in dieser Hütte bin« (2Petr 1,13) und deutet auf sein Bleiben im Leibe. Im nächsten Vers spricht er über das »Ablegen meiner Hütte« und zielt damit auf sein Sterben, das er in Vers 15 als »seinen Abschied« bezeichnet. Wenn aber der Mensch so gesehen wird – als in einem Leib wohnend – dann wird sein »Ich« offenbar nicht mit seinem Leib identifiziert.

Sterben ist ein Bruch

Im Licht dieser Bibelstellen habe ich starke Bedenken, zu behaupten, dass der ganze Mensch stirbt. Dass der Mensch den Tod überlebt, schreibe ich dann doch der Tatsache zu, dass das »Ich« des Menschen beim Tod bestehen bleibt. Beim Tod findet eine Trennung statt, eine unnatürliche zwar, aber doch eine Trennung zwischen dem Leib und dem »Ich« des Menschen. Ich spreche hier am liebsten von einem Bruch. Was eine Einheit ist, kann man wohl »zerbrechen«, und ich glaube, dass eben dies beim Tod geschieht.

In diesem Zusammenhang können wir auch Matthäus 10,28 erwähnen, wo der Herr Seinen Jüngern sagt, sie brauchten sich nicht vor denen zu fürchten, die wohl den Leib töten können, nicht aber die Seele. Dem »Ich« des Menschen kann man nicht ein Ende bereiten, so wie man das leibliche Leben beenden kann. Etwas ganz anderes ist, dass Gott – in Bezug auf die Ungläubigen – diesen Unterschied aufhebt und sowohl die Seele als auch den Leib in der Hölle verdirbt (V. 29). Der komplette Mensch in seiner »Einheit« geht somit für ewig verloren – in der Tat eine schreckliche Sache! Nichtsdestoweniger ist aber die »Einheit« durch den Tod schon zerbrochen gewesen. Für die Gläubigen dagegen gilt, dass sie als vollständige Menschen mit einem verherrlichten Leib die ewige Herrlichkeit ererben werden.

In diesem Zusammenhang ist es auch gut, an 1. Korinther 15,35 zu denken, wo zunächst die Frage gestellt wird, wie die Toten auferweckt werden, dann aber die Folgefrage: Mit was für einem Leibe kommen sie? Diese »sie« werden also von ihrem »Leib« unterschieden. Und in den nächsten Versen wird nicht vom Säen des Menschen als solchem gesprochen, sondern vom Säen des »Leibes«. Der Mensch wird als »sterblich« bezeichnet, aber daneben ist auch die Rede von dem »sterblichen Leib« und von unserem »sterblichen Fleisch« (siehe Röm 6,12; 1Kor 15,53; 2Kor 4,11). Man denke auch an Philipper 3,21, wo von der Umgestaltung »unseres Leibes der Niedrigkeit ... zur Gleichförmigkeit mit seinem Leibe der Herrlichkeit« gesprochen wird. Hier heißt es nicht, dass wir verändert werden, sondern dass unser Leib verändert wird. Ebenso wenig wird gesagt, dass wir dem Herrn gleichförmig werden, sondern dass unser Leib dem Leibe Seiner Herrlichkeit gleichgestaltet werden wird. Diese Stellen zeigen meines Erachtens, dass in Bezug auf das Sterben zu unterscheiden ist zwischen dem Leib und dem »Ich« des Menschen. Ich wiederhole: Das »Ich« überlebt den Tod. Der Tod ist ein unnatürlicher Bruch in der menschlichen Existenz, wodurch das, was eigentlich nur Aspekte dieser Einheit sind, jetzt Teile mit (vorläufig) eigener Bestimmung werden.

Die Erlösung des Leibes

Nach dem oben Dargelegten kann ich die »Erlösung unseres Leibes«, über die Römer 8,22 spricht, schwerlich ausdehnen auf die Erlösung des ganzen Menschen, wie WJO es tut.

Ich stimme also zu, dass dieses Bleiben im Leibe unsere ganze menschliche Existenz umfasst und dass wir in dieser leiblichen Existenz Gott verherrlichen sollen (Röm 12,1). Alles, was wir tun, soll auf die Verherrlichung Gottes zielen. Meines Erachtens bezieht sich Römer 8,22 aber auf die Erlösung »des« Leibes (nicht »aus/von« dem Leib – das wäre heidnisch); damit ist dann nichts anderes gemeint als diese Hütte, in der wir jetzt wohnen.

In 1. Korinther 6,13-15.19ff. geht es darum, dass wir unseren Leib nicht missbrauchen dürfen, um Hurerei zu begehen. Mag WJO nun denken, dass der Ausdruck »der Herr für den Leib« am besten im Heilungsdienst zum Tragen komme (S. 65) – dann ist das seine Auffassung. In diesem Abschnitt von 1. Korinther ist keine Rede von Krankheit oder Heilung, sondern von Hurerei und von deren Vermeidung.

Die Ergebenheitslehre

In Kapitel 3.3 schreibt WJO einiges Beherzigenswerte. In der Tat brauchen wir Krankheiten nicht als etwas Normales zu betrachten, das nun einmal zum Leben gehöre. Krankheit ist eine Folge des Sündenfalls, aber wir brauchen uns damit ebenso wenig einfach abzufinden wie damit, dass die Erde Dornen und Disteln hervorbringt (1Mo 3,18). Wir dürfen um Heilung bitten und dazu auch Hilfsmittel benutzen. Etwas anderes ist, dass wir auch bei Krankheiten die Hand Gottes nicht ausschließen sollten. Das tut Ouweneel auch nicht, aber doch betrachte ich diesen Gesichtspunkt differenzierter als er. Bei Hiob (s.S. 67) können wir unterscheiden zwischen den Unglücksfällen, die ihn durch die Aktivität Satans treffen, und der Krankheit, die dieser Widersacher Gottes ihm sendet; ein wesentlicher Unterschied besteht zwischen diesen beiden Tatsachen aber nicht. Hiobs Haltung kommt gleichermaßen zum Ausdruck in den Worten: »Der Herr hat gegeben, und der Herr hat genommen«, wie auch in den Worten, die er seiner Frau entgegenhält, nachdem er mit Krankheit geschlagen wurde: »Wir sollten das Gute von Gott annehmen, und das Böse sollten wir nicht auch annehmen?« Auf diese Krankheit können wir meines Erachtens auch die Worte anwenden, die Gott an Satan richtet: »… obwohl du mich gegen ihn gereizt hast«.

Den Nachdruck auf die Zulassung Gottes zu legen, indem dieses Wort durch Kursivdruck hervorgehoben wird, richtet nach meinem Eindruck nichts aus, denn Gottes Zulassung können wir ohnehin niemals trennen von dem Willen Gottes. Das sagt WJO auf S. 83 sogar selbst. Gott hat Seine Hand also auch bei Krankheiten im Spiel – und das nicht nur, um Heilung zu schenken.

Krankheit und Glaubensprüfung durch Trübsal

Ich stimme WJO zu, dass wir Krankheit nicht als Prüfung und Trübsal ansehen dürfen, die durch die Nachfolge Christi entstehen. Diese sind ja nur Trübsale um des Glaubens willen. Petrus spricht sehr eindeutig über das Leiden um Christi willen – und dabei geht es dann nicht um Krankheiten (s. 1Petr 3,14.17; 4,1.12-19). Oft wird über Krankheit als über ein Kreuz gesprochen, das der Herr uns auflege; aber unser Kreuz-Aufnehmen hat damit nichts zu tun. Letzteres wird ja nicht ohne Grund »Kreuz« genannt und hat mit den Verfolgungen zu tun, die das Nachfolgen des Gekreuzigten mit sich bringt.

Auf S. 69 bemerkt WJO, es sei ein heidnischer Gedanke, dass alles von Gott komme. Auch zitiert er M.J. Paul, der (meines Erachtens zu Recht) gemäßigter spricht. Ich würde dies jedoch so sehen: Ein Christ nimmt alles, was ihn trifft, nicht aus zweiter Hand, aus der Hand Satans an, sondern aus erster Hand, der Hand Gottes. Genau das tut Hiob, gerade auch in Bezug auf das körperliche Leiden, das ihn betroffen hat.

Keine zufriedenstellende Erklärung

Nicht jeder Kranke wird geheilt, und WJO bietet hierfür als Erklärung: »… denn nicht jeder hat Ihn gebeten bzw. wurde zu Ihm gebracht« (S. 72, 2. Abschnitt). Eine zufriedenstellende Erklärung ist dies allerdings nicht. Tatsächlich weist unser Bruder sogar selbst darauf hin, indem er erwähnt, dass auch Kranke gesund wurden, ohne Jesus darum zu bitten (man denke an den Gelähmten in Bethesda, Joh 5,1-9). Damit relativiert Ouweneel glücklicherweise seine eigene Erklärung, ja, er entwertet sie dadurch sogar.

Im Weiteren zeigt der Autor auf, dass Jesus Seine Wunder nicht nur vollbracht hat, um zu beweisen, dass Er der Messias ist, bzw. um das Reich Gottes einzuführen, sondern aus Barmherzigkeit gegenüber dem Menschen insgesamt. Nun hat dieses Erbarmen sicher eine Rolle gespielt, in bestimmten Fällen sogar eine hervorragende, z.B. in Matthäus 14,14; was aber hat – aufs Ganze gesehen – den Vorrang gehabt? Es war doch schließlich kein Mangel an Erbarmen, dass Er in Bethesda nicht alle Kranken heilte? Der Hinweis auf Sein Erbarmen reicht also nicht aus. Aad v.d. Sande hat – wie schon gesagt – in Bezug hierauf die wichtige Bemerkung gemacht, dass Gott »alles kann, aber nicht alles tut, was Er kann«. Die Frage, warum Er manches nicht will, müssen wir Ihm überlassen, ohne dabei eine mögliche eigene Verantwortung von vornherein auszuschließen.

1. Thessalonicher 5,23 – eine andere Auslegung

Im Hinblick auf 1. Thessalonicher 5,23 bezieht Ouweneel die tadellose Bewahrung des Leibes auf die Bewahrung vor Krankheit und Schmerz. Ich will neben der von WJO angebotenen Erklärung die folgende zu bedenken geben. Es heißt dort, dass Gott uns völlig »heiligen« möge, und danach folgt, dass unser Geist, unsere Seele und unser Leib tadellos bewahrt werden möge bei der Ankunft unseres Herrn Jesus Christus. Nach meinem Verständnis ist dieses Letzte eine Fortsetzung des »Heiligens«, bei der es um die drei Aspekte unseres Menschseins geht – und zwar auf folgende Weise: Unser Geist deutet unsere Denkwelt an, die vor Verunreinigung durch verkehrte Lehren bewahrt werden möge; die fleckenlose Bewahrung unserer Seele weist auf die Heiligung unseres Gefühlslebens hin, indem wir vor Hass, Eifersucht, bösen Trieben u.Ä. bewahrt werden, und die Bewahrung unseres Leibes kann sich auf die Vermeidung von Hurerei beziehen. Diese ist nämlich eine Sünde, die in 1. Korinther 6,18 sehr kennzeichnend als Sünde gegen den eigenen Leib bezeichnet wird. Allgemein wird in Römer 6,13 gesagt: »Stellet auch nicht eure Glieder der Sünde dar zu Werkzeugen der Ungerechtigkeit ...«

Zurechtbiegen eines Bibeltextes

In dem WJO-Kommentar über 2. Mose 4,10-12 auf S. 82 sehe ich ein Beispiel für das Zurechtbiegen eines Bibeltextes, das ich in der Einleitung zu diesem Kapitel erwähnt habe.

Ouweneel legt dar: Gott hat Mose stumm gemacht, um ihn auf diesem Wege zu einem großen Lehrer zu machen. Die Tatsache, dass Mose »schwer von Mund und schwer von Zunge« war, sei ein Teil seines Trainings gewesen, um aus ihm einen Helden des Mundes und der Zunge zu machen. Offensichtlich hat Ouweneel ein Problem mit der biblischen Aussage, dass Gott »stumm oder taub oder sehend oder blind« macht. Er erkennt wohl, dass Gott dies tut, aber er bietet eine großartige Erklärung dafür, bei der die Aussage selbst leider abgeschwächt wird. Dass Mose zu einem großen Lehrer und zu einem Helden des Mundes und der Zunge gemacht worden wäre, steht nirgendwo geschrieben!! Es ist reine Spekulation von WJO. Tatsache ist, dass Gott das Sprachdefizit Moses nicht wegnimmt. Im Gegenteil, Er fügt ihm Aaron hinzu, damit dieser das Wort führe, weil er nämlich »reden kann«. Dass Gott mit dem Mund Moses sein will, bedeutet nicht etwa eine Verbesserung seines Sprechtalents, was Ouweneel mehr oder weniger suggeriert (auf S. 182 spricht er sogar von Heilung!), sondern nichts anderes, als dass Er mit ihm sein werde bei allem, was Mose dem Pharao zu sagen habe.

Im Übrigen übersieht WJO bei der Besprechung dieser Verse, dass hier nicht nur von Moses mangelndem Sprechvermögen gesprochen wird, dessen Gott sich annimmt, sondern auch, dass Gott »stumm oder taub oder sehend oder blind« macht. Das wird an dieser Stelle ohne jede Diskussion Gott zugeschrieben, und das dürfen auch wir tun. Es ist also durchaus Gott, der jemandem eine Krankheit oder eine Behinderung gibt und diese auch bestehen lässt.

Auf S. 84 trägt der Schreiber zwar sehr nuanciert dem Werk

Gottes Rechnung, aber de facto schwächt er damit seine (zu starke) Kritik an den Fragen 27 und 28 (= 10. Sonntag) des Heidelberger Katechismus.[8]

Auf den folgenden Seiten bietet Ouweneel verschiedene Antworten auf die Frage, warum bestimmte Personen nicht geheilt worden sind, aber – wie schon gesagt – kann man diesen ebenso gut völlig andersartige Erklärungen gegenüberstellen. Es bleibt eine Tatsache, dass verschiedene Mitarbeiter von Paulus krank geworden sind, und im Fall des Epaphroditus rechnete Paulus damit, dass dieser möglicherweise sogar sterben würde. Seine Genesung betrachtete der Apostel nicht etwa als eine Selbstverständlichkeit, sondern gegebenenfalls als Beweis für Gottes Barmherzigkeit.

Auf S. 96 schreibt Ouweneel: »Es ist in der Bibel kein einziger unbezweifelter Fall zu finden, wo Gott gewollt hat, dass ein geistlicher Gläubiger … krank bleiben sollte«; diese Aussage ist zu suggestiv. Ob eine Aussage bezweifelt oder nicht bezweifelt wird, hängt doch von deren Auslegung ab (vgl. hierzu noch einmal die Erklärung, die WJO zu 2. Mose 4,10-12 gibt)! Wenn wir annehmen dürfen, dass sich der Dorn im Fleisch des Paulus[9] (auch) auf ein körperliches Leiden bezieht – und vieles spricht dafür – dann haben wir hier ein Beispiel für ein Leiden, das blieb und nicht aufgehoben wurde.

---

8 Die beiden Fragen und Antworten im Heidelberger Katechismus lauten wie folgt:
   Frage 27: Was verstehst du unter der Vorsehung Gottes?
   Die allmächtige und gegenwärtige Kraft Gottes, durch welche er Himmel und Erde samt allen Kreaturen gleich als mit seiner Hand noch erhält und also regiert, dass Laub und Gras, Regen und Dürre, fruchtbare und unfruchtbare Jahre, Essen und Trinken, Gesundheit und Krankheit, Reichtum und Armut und alles nicht von ungefähr, sondern von seiner väterlichen Hand uns zukomme.
   Frage 28: Was für Nutzen bekommen wir aus der Erkenntnis der Schöpfung und Vorsehung Gottes?
   Dass wir in aller Widerwärtigkeit geduldig, in Glückseligkeit dankbar, und aufs Zukünftige guter Zuversicht zu unserm getreuen Gott und Vater sein sollen, dass uns keine Kreatur von seiner Liebe scheiden wird, weil alle Kreaturen also in seiner Hand sind, dass sie sich ohne seinen Willen auch nicht regen noch bewegen können.
9 2Kor 12,7.

Zeichen, die den Gläubigen folgen (Kapitel 4)

Drei Auffassungen

In Kapitel 4 behandelt Ouweneel ein Thema, über das viel gesagt werden kann/muss, nämlich: Wann und wo fanden bzw. finden Zeichen und Wunder statt? Es bestehen hierüber grundsätzlich drei Auffassungen, und zwar:

a. Zeichen und Wunder fanden nur zur Zeit der Apostel statt.
b. Zeichen und Wunder sind bestimmt für »Missionssituationen« heute und in der Vergangenheit.
c. Zeichen und Wunder sind nicht auf bestimmte Zeiten oder Orte beschränkt.

WJO neigt zu der Auffassung c, ich selbst zu der Auffassung b.

Der Schreiber nimmt zunächst die Auffassung a unter die Lupe. Die Befürworter dieser Meinung führen Argumente aus dem AT an. Der im AT beschriebene Zustand unterscheidet sich aber grundlegend von dem des NT. So hatte Israel z.B. keinen Missionsauftrag. Aus dem AT sind deshalb meines Erachtens keine Pro- oder Kontra-Argumente herauszudestillieren, die wirklich weiterführen. Ich lasse deshalb diese Argumente wie auch die von WJO angeführten auf sich beruhen.

Der Heilungsdienst

Ich möchte eingehen auf die Kritik, die Ouweneel auf S. 101 an der Sichtweise von Richard Mayhue übt, die dieser in seinem Buch »De belofte van genezing« (Anmerkung: Das Buch ist im Deutschen unter dem Titel »Dein Glaube hat dich geheilt« bei CLV erschienen) dargestellt hat. Leider verengt sich die Erörterung dabei auf die Frage der Heilungen.

Ich könnte diesen Abschnitt deshalb eigentlich überschlagen, möchte aber doch einen Punkt aus WJOs Widerlegung kurz unter die Lupe nehmen, weil die Art seiner Argumentation so kennzeichnend ist.

Mayhue schreibt, dass die von Jesus vollbrachten Heilungen immer unmittelbar stattfanden. Ouweneel wendet dagegen ein, dass das nicht ganz stimme, und nennt folgende Beispiele:

a. Die Heilung des Blinden (Mk 8,22-25) geschah in zwei Phasen. Kommentar: Das ist aber auch das einzige Beispiel, wo dies zutrifft, und die zweite Behandlung folgte direkt auf die erste; dies zeigt nur, dass der Satan seine Beute nicht sofort loslassen wollte; seitens des Herrn war aber nur ein einziger Befehl nötig, um den Jungen zu befreien, und der Prozess dauerte nicht stundenlang!

b. Bei der Befreiung des mondsüchtigen Knaben (Mk 9,25-27) schien sich dessen Zustand zuerst zu verschlechtern.

c. Die Aussätzigen (Lk 17,14) wurden erst unterwegs geheilt. Kommentar: Geschah dies »erst« nach Verlauf einer langen Zeit? Aber nein! Was Mayhue mit »unmittelbar« zum Ausdruck bringen will, ist doch nicht mehr als: Es sind darüber keine längeren Zeitabschnitte vergangen und es sind nicht mehrere Behandlungen erforderlich gewesen!

d. In Lukas 11,14 steht, dass der Herr damit beschäftigt war, einen bösen Geist auszutreiben. Folglich geschah dies nicht einfach »im Handumdrehen«. Kommentar: Letzteres hat Mayhue auch sicher nicht behauptet! Als der Herr den Blindgeborenen behandelte, tat er einen Brei auf dessen Augen und befahl ihm, zum Teich Siloam zu gehen (Joh 9). Da könnte man auch sagen, der Herr sei »beschäftigt gewesen«, ihn zu heilen. Aber als der Mann sich in Siloam wusch, wurde er augenblicklich gesund!

e. WJO weist auf das von ihm sogenannte Lazarusprinzip hin: Der Herr selbst erweckte Lazarus, aber alles, was die Menschen weiterhin an ihm tun konnten, hat Er ihnen auch überlassen. Kommentar: Dieses Argument greift überhaupt nicht, denn hier taten die Jünger gar nichts, was mit der Auferweckung des Lazarus oder mit der Beseitigung der Todesspuren zu tun hatte; sie sollten ihn nur aus den Grabtüchern auswickeln, damit er wieder frei laufen konnte.

Diese Art zu argumentieren finde ich Ouweneels wirklich unwürdig!

Wenn es heißt »nicht immer unmittelbar«, dann tut er so, als heiße es »nie unmittelbar« und ignoriert damit vollends, was Mayhue mit dem Wort »unmittelbar« sagen will.

Ich füge noch dieses hinzu: Der Knecht des Hauptmanns wurde aus größerer Entfernung geheilt, und es steht ausdrücklich dabei: »und sein Knecht wurde gesund in jener Stunde« (Mt 8,13). Siehe auch Johannes 4,52, wo ausdrücklich erwähnt wird, dass der Knecht in derselben Stunde geheilt wurde, als der Herr über seine Genesung sprach!

Gottes Erbarmen

Ouweneel legt, wie schon erwähnt, Nachdruck darauf, dass der Herr nicht nur Kranke heilte, um zu beweisen, dass Er der Messias war, sondern auch, weil Er innerlich ihretwegen bewegt war. Dabei vermengt er allerdings zwei Dinge, und zwar das innere Motiv des Herrn und die äußere Wirkung, die davon ausging, nämlich den Beweis, dass Er der Christus, der Messias war.

Auf S. 107 bemerkt WJO, dass Hebräer 13,8 nicht sagt, Christus handle immer gleich; wegen des Kommentars, den er hierzu gibt, weise ich darauf hin, dass Hebräer 11,32-38 zeigt, dass Gott in demselben Zeitabschnitt [derselben »Haushaltung«] mit Gläubigen verschiedene Wege geht, siehe den Wendepunkt in Vers 36. Auch Gott ist gestern und heute derselbe und Sein Erbarmen ist für den einen nicht anders als für den anderen, und doch handelte Er damals nicht mit allen auf gleiche Weise; und das gilt genauso für Jesus Christus in dieser Zeit. Jakobus wurde mit dem Schwert getötet, Petrus wurde befreit (Apg 12,1-17; vgl. auch »Die sogenannte Gebetsheilung«, S. 13f.).

Markus 16

Mit Kapitel 4.2 auf S. 107 kommt WJO zur Sache und behandelt das, was er dem 4. Kapitel als Titel gegeben hat, nämlich »Zeichen folgen den Gläubigen« (s.S. 107).

Ich gehe nicht weiter darauf ein und beschränke meinen Kommentar auf die Besprechung von Markus 16,14-20 sowie auf das, was damit zusammenhängt.

Bei der Behandlung dieses Themas müssen meines Erachtens folgende Fragen gestellt werden:

I. Was ist die Bedeutung von Zeichen und Wundern?
II. In welchen Situationen lässt Gott Zeichen geschehen?
III. Gehören Zeichen tatsächlich in unsere Zeit?
IV. Was lehrt die Schrift über diejenigen, die die Zeichen taten (tun)?

Auf die erste Frage gibt uns Markus 16 schon eine Antwort, denn wir lesen in Vers 20: »Jene aber gingen aus und predigten allenthalben, indem der Herr mitwirkte und das Wort bestätigte durch die darauf folgenden Zeichen.«

Zeichen dienen also der Bekräftigung der Predigt. Eine gleiche Aussage finden wir in Hebräer 2,3-4. Dort heißt es, dass die große Errettung im Anfang von dem Herrn selbst verkündigt worden ist und dass sie »uns von denen bestätigt worden ist, die es gehört haben, indem Gott außerdem mitzeugte sowohl durch Zeichen als durch Wunder und Austeilungen des Heiligen Geistes nach seinem Willen«.

Dieses Mitzeugnis durch die Zeichen finden wir auch in Apostelgeschichte 14,3, wo Paulus und Barnabas predigten. Man beachte, dass hier von Zeichen und Wundern gesprochen wird, die durch ihre Hände geschahen.

Auch das Wort von Petrus darf hierbei wohl angeführt werden, das er am Pfingsttag in Jerusalem den Juden vorhielt: »Männer von Israel, hört diese Worte: Jesus, den Nazaräer, einen Mann, von Gott an euch erwiesen durch mächtigen Taten und Wunder und Zeichen, die Gott durch ihn in eurer Mitte tat ...« (Apg 2,22).

Zeichen dienen also der Bestätigung der Botschaft und der Verkünder dieser Botschaft. Dies werden wir bei der weiteren Besprechung gut festhalten müssen.

Die zweite Frage hängt eng mit der ersten zusammen. Wenn Zeichen als Bestätigung einer Botschaft und/oder des Verkündigers gedacht sind, dann dürfen wir Zeichen dort erwarten, wo Gott Menschen aussendet, um das Evangelium zu predigen. Dann geht es nicht um das Wirken von Zeichen um ihrer selbst willen, sondern um die Bestätigung der Predigt durch die Zeichen. Wir sprechen deshalb von Zeichen in »Missionssituationen«, wobei wir das Wort »Mission« ziemlich weit verstehen wollen.

Die dritte Frage berührt die Aussage in Hebräer 6,5, wo von »Wunderwerken des zukünftigen Zeitalters« gesprochen wird. Es sind also Wirkungen, die in das zukünftige Zeitalter gehören, in dem Jesus Christus Sein Reich aufrichtet; dann wird es diese Wirkungen geben. Es sind Kräfte, die zu diesem Reich gehören. Mit Recht richtet WJO die Aufmerksamkeit auf diesen Gedanken und verweist auf Jesaja 29,18; 32,1.3; 35,5f., verbindet damit allerdings keine weiteren Folgerungen.

Und doch wurden (werden) diese Kräfte auch im gegenwärtigen Zeitalter ausgeübt. Was bedeutet das? Als Johannes der Täufer auftrat, verkündigte er das Evangelium des Reiches (ohne allerdings Zeichen zu tun), ebenso verkündigten der Herr und Seine Jünger dieses Reich. Die Botschaft bestand darin, dass das Reich Gottes nahe gekommen war (s. die Verbindung mit dem Ausführen von Zeichen in Matthäus 10,7). Hätte Israel sich damals bekehrt, dann wäre das Reich errichtet worden. Das galt sogar noch nach der Ausgießung des Heiligen Geistes am Pfingsttag, wie aus Apostelgeschichte 3,17-21 zu ersehen ist. In diesen Versen wird von der Wiederkunft Christi und von der Wiederherstellung aller Dinge gesprochen, von der die heiligen Propheten von alters her geredet hatten.

Dort, wo die Verkündigung des Reiches stattfand, wurde sozusagen das künftige Zeitalter »vorgezogen«, indem Gott die Zeichen jenes Zeitalters geschehen ließ.

Wir wissen aus der Schrift, dass das Reich Gottes in der heutigen Zeit eine verborgene Gestalt angenommen hat, wie es u.a. die Gleichnisse in Matthäus 13 zeigen.

Angesichts dieses Sachverhalts ist meines Erachtens doch die Frage berechtigt, ob diese Zeichen denn wohl bis zum Ende dieses Zeitalters weiterhin zu erwarten sind, denn kennzeichnend sind sie nicht für das gegenwärtige, sondern für das zukünftige Zeitalter! Dieser Gedanke ist doch wohl der Erwägung wert!

Zur Beantwortung der vierten Frage müssen wir nachsehen,

was die Schrift über das Ausführen der Zeichen sagt. Dies ist mit der Auslegung von Markus 16,15-18 eng verknüpft.

Vorab dazu eine Bemerkung über Auslegungen, die von dem ausgehen, was in diesem Abschnitt nicht geschrieben steht. Es steht dort zwar nicht, dass das Nachfolgen der Zeichen auf eine bestimmte Zeit begrenzt ist, aber ebenso wenig, dass sie den Gläubigen immer folgen werden. Sich darauf zu berufen, dass etwas nicht geschrieben steht, ist spekulativ, und Spekulationen in beide Richtungen weise ich ab. Wir müssen von dem ausgehen, was die Schrift explizit sagt und was sie andernorts darüber weiter entfaltet.

»… werden denen folgen, die glauben«

Nun, es steht also dort, dass die Zeichen den Glaubenden folgen werden.

Aufgrund dieser Stelle meinen einige Ausleger, dass allen Gläubigen die Ausübung von Zeichen verheißen ist. Andere meinen, dass diese Verse nicht mehr besagen, als dass Gläubige die Zeichen miterleben werden, die von den Verkündigern ausgeübt werden. Ich lasse beide Gedanken zunächst nebeneinander bestehen und stelle sie nur der Beurteilung anheim. Wichtig ist, dass wir den gesamten Textabschnitt beachten. Er beginnt in Vers 15 mit dem Missionsauftrag »geht hin in die ganze Welt und predigt das Evangelium der ganzen Schöpfung«. Dieser Auftrag wird den »Elf« erteilt (V. 14). Natürlich ist er nicht auf die »Elf« beschränkt, aber zur Auslegung der nachfolgenden Verse ist es wichtig, diese Aussage erst einmal auszuwerten. Alle Gläubigen sind damit aufgerufen, Zeugen des Herrn Jesus zu sein, und wir sehen, dass selbst jene, die verfolgt wurden, diesem Auftrag gehorchten (Apg 8,4; 11,19-21), aber nicht alle Gläubigen wurden zum Predigen ausgesandt.

Im Weiteren zählt der Herr die Zeichen auf, die den Gläubigen folgen würden, und wir lesen die Erfüllung Seines Auftrages in den Versen 19-20: »Jene aber gingen aus und predigten allenthalben, indem der Herr mitwirkte und das Wort bestätigte durch die darauf folgenden Zeichen.«

Wenn wir am Text bleiben, können wir nichts anderes sagen

als dieses: Es gingen Prediger hinaus und Gott bestätigte ihre Predigt, indem Er Zeichen geschehen ließ. Die Zeichen sind verbunden mit der Predigt!

Was sagt die Apostelgeschichte?

Das Hinausgehen der Prediger fand erst statt, nachdem der Herr auferstanden und in den Himmel aufgefahren war und den Heiligen Geist gesandt hatte (vgl. Joh 15,26). Die Erfüllung von Markus 16,15-18 werden wir deshalb zuallererst in der Apostelgeschichte berichtet finden.

Dem ersten Bericht begegnen wir in Apostelgeschichte 2,43, wo wir lesen:

»… es geschahen viele Wunder und Zeichen durch die Apostel.«

Eine zweite Erwähnung in Apostelgeschichte 5,12:

»Aber durch die Hände der Apostel geschahen viele Zeichen und Wunder unter dem Volk.«

Dies ist eine Erfüllung des Gebets in Apostelgeschichte 4,29-31. Dort bitten die Gläubigen, dass die Knechte des Herrn das Wort Gottes mit aller Freimütigkeit verkünden möchten; die Erfüllung finden wir dann in Vers 31. Danach bitten sie, dass Gott Seine Hand ausstrecken möge »zur Heilung, und dass Zeichen und Wunder geschehen durch den Namen deines heiligen Knechtes Jesus«. Die Erfüllung hiervon finden wir in Kapitel 5,12; dort wird berichtet, dass die Apostel diese Zeichen bewirkten.

Eine besondere Erwähnung verdient Apostelgeschichte 5,15, denn dort steht, dass sogar wenn der Schatten von Petrus auf die Kranken fiel, diese gesund wurden. Es darf wohl auch darauf hingewiesen werden, dass Petrus einen Menschen aus den Toten auferweckt hat (s. Apg 9,32-41).

Die Bezeichnung »Apostel« braucht nicht auf die Zwölf beschränkt zu werden; das können wir aus Apostelgeschichte 6,8 ableiten; dort lesen wir nämlich, dass Stephanus, voll Gnade und Kraft, große Zeichen und Wunder unter dem Volk tat. Stephanus war ein Gesandter für das Volk, der ein gewaltiges Zeugnis für den Herrn Jesus ablegte. Sein Zeugnis war auf Israel beschränkt und wurde durch seine Ermordung beendet.

Im weiteren Verlauf lesen wir, dass Philippus nach Samaria hinabzog und den Samaritern das Evangelium verkündigte. Die Menschen hörten seine Predigt und sahen die Zeichen, die er tat (Apg 8,6.13). Das Wort »Apostel« bedeutet »Gesandter«; in diesem Sinne können wir Stephanus und Philippus zu den Aposteln zählen.

Mit Recht verweist auch Ouweneel hierauf und erwähnt dazu das Beispiel der siebzig ausgesandten Jünger (Lk 10,1-20); seinen Hinweis auf das Sprachenreden der 120 Jünger am Pfingsttag halte ich aber nicht für sachdienlich. Dort geht es nicht um eine Predigt, die durch Zeichen bekräftigt wird, sondern um ein Zeichen, dessen Bedeutung Petrus anschließend erklärt. Nebenbei will ich bei dieser Gelegenheit noch erwähnen, dass hier in real existierenden Sprachen gesprochen wurde!

Auch das Beispiel von Ananias (Apg 9,10-19) führt nicht weiter. Hier gab es ebenfalls keine Predigt, die durch ein Zeichen bestätigt worden wäre, sondern Ananias wirkt ein Zeichen, das ihm um Paulus' willen aufgetragen war. Auch dies ist ein Sonderfall, wobei es natürlich möglich ist, dass Ananias noch weitere Wunder bewirkt hat, was aber nicht berichtet wird. Und Sonderfälle sollte man nicht heranziehen, um eine allgemeine Lehre zu stützen.

Das Zeugnis der Apostelgeschichte geht weiter in Kapitel 13,4, wo Paulus und Barnabas durch den Heiligen Geist ausgesandt werden. Ihr Auftrag ist jetzt nicht mehr auf die Juden im Land oder auf die Samariter in ihrem Gebiet beschränkt. Das Evangelium geht jetzt in die ganze Welt, um »dem Juden zuerst als auch dem Griechen« gepredigt zu werden.

Auf Zypern hat Paulus ein Zeichen getan, ohne dass es als solches bezeichnet wird. Durch die Hand des Herrn schlägt er nämlich Bar Jesus (auch Elymas genannt) mit Blindheit (Apg 13,10-12). Weiter lesen wir in Kapitel 14,8-11, dass Paulus einen Gelähmten heilte; zu beachten ist hierbei,

1. dass er bei diesem Mann den Glauben erkannte, gerettet zu werden, und
2. dass er ihm befahl, sich auf seine Füße zu stellen.

Paulus und Barnabas gehörten ebenso wenig wie Stephanus und Philippus zu den Zwölfen, die ausdrücklich Apostel genannt werden, aber in Kapitel 14,14 werden beide doch als Apostel bezeichnet (s. auch Kap. 14,3-4). Von beiden heißt es in Kapitel 15,12, dass Gott »viele Zeichen und Wunder unter den Nationen durch sie getan hatte«.

Erwähnenswert ist schließlich noch, dass von Paulus ebenso wie von Petrus außergewöhnliche Wunderwerke bezeugt werden; denn Schweißtücher oder Schürzen von seinem Leib ließen Krankheiten weichen und böse Geister ausfahren (s. Kap. 19,11-12). Auch weckte Paulus einen Toten auf, wie Kapitel 20,7-12 mitteilt. Man beachte, dass nicht irgendein anderer aus jenem Obersaal dies bewirkte, sondern ausschließlich Paulus. Hiermit ist das Zeugnis der Apostelgeschichte zu Ende, aber es gibt noch mehr.

Die Zeichen eines Apostels

In 2. Korinther 12,12 steht ein wichtiges Wort des Apostels Paulus. Er schreibt dort: »Die Zeichen des Apostels sind ja unter euch vollbracht worden in allem Ausharren, in Zeichen und Wundern und mächtigen Taten.« Dieses Wort würde allen Sinn verlieren, wenn jeder Gläubige solche Zeichen und Wunder verrichten könnte. Zeichen würden dann nicht mehr Kennzeichen der Apostelschaft sein (»als Prediger ausgesandt«), sondern von Christen allgemein.

Die Schrift zeigt in aller Deutlichkeit, dass die Zeichen auf die Verkündigung von Christen folgten, die ausgesandt waren, um die Botschaft des Evangeliums zu verbreiten, sich also in einer »Missionssituation«, einer Situation des »Gesandt-Seins« befanden.

Nun kann man natürlich behaupten, dass der Ausdruck »die Zeichen des Apostels« nicht bedeuten muss, dass es nur den Aposteln vorbehalten war, solche Zeichen zu tun, sondern dass es sie einfach nur kennzeichnete: Ohne Zeichen bist du kein Apostel. Man kann es aber ebenso auch umdrehen und sagen: Wer predigt und auch Zeichen tut, muss dann offenbar wohl ein Apostel sein. Dann müsste man das Wort »Apostel«, wie schon angedeutet, etwas weiter fassen: Jemand, der ausgesandt ist, um zu predigen;

demnach wären auch Philippus und andere darin eingeschlossen.

Wenn Ouweneel schreibt, dass Markus 16,17 eine Verheißung ist, die jeder Gläubige auf sich beziehen kann (s.S. 111f.), dann löst er diese Stelle aus ihrem Zusammenhang und verfehlt die Belehrung der Apostelgeschichte und der anderen oben zitierten Schriftabschnitte. Auf S. 112 rückt er von dieser Aussage etwas ab: Zuerst sagt er, alle Gläubigen könnten Zeichen in ihrem Glaubensleben erfahren, wenig später heißt es, dass diese nur von einigen Gläubigen regelmäßig in ihrem Dienst eingesetzt werden. Er grenzt also das zuerst Gesagte ein, beachtet aber nicht den bestätigenden Charakter der Zeichen im Blick auf die Verkündigung.

Was ist mit 1. Korinther 12?

Auf diesen Bibelabschnitt geht WJO im nächsten Kapitel ein; ich möchte allerdings in Anbetracht der obigen Überlegungen etwas vorausschicken. Die soeben von mir verteidigte Position, dass nämlich die Zeichen von Aposteln (im weiteren Sinn: unabhängig von Ort und Zeit durch »Ausgesandte«) ausgeführt wurden und werden, scheint durch 1. Korinther 12 ausgehöhlt zu werden. In den Versen 28-30 werden nämlich Gnadengaben der Heilungen und Arten von Sprachen (beide werden in Markus 16 zu den Zeichen gezählt) neben der Gabe von Aposteln genannt. Damit bekommen wir ein Problem, allerdings nur ein kleines, denn wir brauchen nur den Unterschied zu beachten, den Paulus macht: einerseits die Zeichen eines Apostels und andererseits die Gaben in der Versammlung, um die es hier geht.

Zum Ersten schreibt der Apostel in 2. Korinther 12,12 in der Mehrzahl über die Zeichen eines Apostels, die er präzisiert als »Zeichen, Wunder und mächtige Taten«. Das entspricht völlig der Aufzählung in Markus 16,17-18.

Hier in 1. Korinther 12 spricht der Apostel über eine einzelne Gabe, die einer bestimmten Person zugeteilt ist, eine andere Gabe ist dann einer anderen Person gegeben, nicht über mehrere Gaben für eine einzige Person.

Zum anderen spricht Paulus in 1. Korinther 12 nicht über Zeichen, die die Verkündigung der Missionare begleiten, die in die Welt ausgesandt werden oder wurden, sondern über Gaben, die dem Aufbau bzw. der Erbauung der Versammlung dienen. Von Kapitel 11,17 bis Kapitel 14,26 (oder 34) geht es um das Zusammenkommen der Gläubigen als Glieder des Leibes Christi sowie um die gegenseitige Erbauung. Eine Ausnahme macht der Apostel höchstens in Kapitel 14,22 für das Reden in Sprachen; das ist nämlich normalerweise für Ungläubige gedacht, die die Verherrlichung Gottes in ihrer eigenen Sprache hören sollen. Das ist dann für sie ein Zeichen dafür, dass das Heil auch den Nationen (oder Heiden) angeboten wird (vgl. Apg 2). In der Versammlung soll nur dann in Sprachen geredet werden, wenn ein Ausleger da ist, denn es geht ja um die Erbauung der Versammlung.

Was ich über Markus 16,14-20 und über 2. Korinther 12,12 ausgeführt habe, wird also durch 1. Korinther 12 keineswegs entkräftet.

Europa als Missionsfeld?

Es gibt Ausleger, die wegen des Abfalls vom Christentum Europa wiederum als Missionsgebiet ansehen. Wir würden demnach auch hier wieder »Zeichen, Wunder und mächtige Taten« erwarten oder gar beanspruchen dürfen. Zunächst müssen wir festhalten, dass in verschiedenen europäischen Ländern immer noch ein treues christliches Zeugnis besteht. Der Abfall ist deshalb nur ein teilweiser, nicht ein totaler. Außerdem gilt, dass man zwar so denken kann, entscheidend ist aber allein die Frage, ob auch Gott, unser Herr, so darüber denkt, und ob Er hier ein solches Mitzeugnis geben will durch Zeichen, Wunder und mächtige Taten wie in der Apostelgeschichte beschrieben.

»Größere Werke als diese«

Nebenbei noch ein kurzes Wort über die Aussage des Herrn, dass die Jünger noch größere Taten vollbringen würden als Er selbst (Joh 14,12). Manche Gläubige verstehen das Wort »größer« so, dass solche Zeichen geschehen sollten, die noch größeres Aufsehen erregen würden als die des Herrn. Hat aber jemals jemand etwas getan, das größer war als die Auferweckung des Lazarus, dessen Körper schon in Verwesung übergegangen war??

Andere sehen die größeren Werke in dem Ergebnis der Verkündigung, wobei Tausende zur Bekehrung kamen (oder kommen), wie etwa am Pfingsttag.

Ich selbst gebe folgenden Gedanken zur Erwägung: Wir können an die besonderen Werke denken, die durch Petrus geschahen, dessen Schatten auf Kranke fiel, die anschließend gesund wurden, oder an Paulus, dessen Schürzen und Schweißtücher auf Kranke gelegt wurden und ihnen Heilung brachten. So etwas hatte es bei dem Herrn nicht gegeben.

Wie schon gesagt gebe ich zu Kapitel 4 keine weiteren Kommentare; sie könnten womöglich von meinen genannten Hinweisen zu Markus 16,14-20 ablenken. Diese allerdings gebe ich ernstlich zu bedenken.

Die neun Wundergaben (Kapitel 5)

Eine andere Auffassung

In Kapitel 5 bespricht WJO die in 1. Korinther 12 aufgezählten Wundergaben. Dabei weist er auch auf die entsprechenden Stellen in Epheser 4,11, Römer 12,6-8 und 1. Petrus 4,10 hin.

Es fällt auf, dass er auf S. 133 eine völlig andere Auffassung verkündet als die, die er früher hinsichtlich der Gnadengaben hatte. Natürlich ist es möglich, dass jemand neue Gedanken entwickelt und so zu besserer Einsicht gelangt. Das Ändern der eigenen Auffassung verurteile ich nicht – das soll klar gesagt sein – aber ich möchte dann auch deutlich vernehmen, aus welchen Gründen man seine Ansichten revidiert.

Ouweneel formuliert seine neue Auffassung so: Kein einziger Gläubiger »besitzt« eine der neun Wundergaben von 1. Korinther 12 in dem Sinn eines stets vorhandenen Vermögens, jeder Gläubige kann aber für einen bestimmten Fall und für einen bestimmten Augenblick eine dieser neun »Gaben« empfangen (S. 133).

Das ist eine deutliche Aussage, nur möchte ich gerne wissen, worauf WJO diese Auffassung gründet. Zunächst erhalte ich hierfür aber keinen biblischen Beleg, sondern nur die Meinung gewisser Personen.

Ouweneel zitiert Duffield & Van Cleave, die behaupten, dass niemand die Gabe der Heilungen hat: »Niemand hat jemals die Gabe besessen, jede Krankheit zu heilen. Auch Jesus hat manchmal alle Kranken geheilt, die zu ihm kamen, zu anderen Zeiten aber wurde Er in Seinem Wirken gehindert, weil die Menschen zu wenig Glauben hatten« (Mt 13,58).

Welch ein nichtssagendes Argument! Hatte Christus zu gewissen Zeiten etwa nicht mehr die Gabe und Macht, um zu heilen – oder wurde Er nur gehindert, diese Macht auszuüben? Ich glaube das Letztere.

WJO zitiert auch einen Ausspruch von Wimber über die »Offenbarungen« des Geistes. Diese Formulierung soll den »Augenblickscharakter« der Gnadengaben betonen. Auch in diesem Wimber-Zitat vermisse ich eine saubere biblische Begründung.

Nuancierung ...

Nach dieser forschen Aussage über die fall- und augenblicksbezogene Erteilung einer Gabe auf S. 145 nuanciert Ouweneel weiter. Auch auf die Gefahr hin, dass dies unfreundlich klingt: Seine Aussage stimmt weder mit der Praxis noch mit der Schrift überein.

Hinsichtlich der Praxis sagt er also, dass manche Gläubige bestimmte Gnadengaben häufiger empfangen als andere. Seltsamerweise zählt er dann auf, es gebe Apostel und Propheten (Personen, die häufig Weissagungen empfangen), sodann Lehrer und Wunderkräfte (Personen, in denen sich Gottes Kraft häufig offenbart). Dies wendet er dann auch auf andere Gaben an.

Das ist aber pure Willkür. Von den Aposteln sagt er nämlich nicht, dass sie nur zu bestimmten Zeitpunkten und für bestimmte Dienste Apostel waren.

Für sie müsste aber doch das Gleiche gelten!? So konsequent ist WJO leider nicht. Bezüglich der Heilungsgabe wiederholt er zunächst, dass niemand diese Gabe hat, schreibt dann aber weiter, es gebe aber solche in der Gemeinde, die viel häufiger Heilungsgaben empfangen als viele andere … und diese seien besonders dazu berufen, sich dieser Aufgabe zu widmen.

Dies ist für mich reine Willkür und Spekulation. Wo lesen wir denn, dass jemand eine bestimmte Gabe häufiger bekommt als ein anderer? Nirgends! Auf diese Weise gelingt es Ouweneel aber, das Auftreten verschiedener Heiler zu rechtfertigen und sie zugleich dafür zu entschuldigen, dass sie in bestimmten Fällen die Heilung nicht vollführen können! Sie können sich dann hinter dieser Auslegung verstecken und sagen, sie hätten für diesen Moment und für diesen Fall die Gabe der Heilung eben nicht zugeteilt bekommen.

Ich berufe mich ungern auf Erfahrungen, aber ich könnte hier etliche Personen nennen, die sehr wohl eine bestimmte Gabe besitzen oder besaßen – und zwar nicht nur für einen Moment, sondern immer! Viele kennen, wie ich, Brüder in ihrer Gemeinde, die echte Lehrer waren, »Vollblut-Hirten«, Schwestern, die durch die Gabe der Barmherzigkeit gekennzeichnet waren usw.

Dessen ungeachtet kann es natürlich einen Gabenwechsel im Sinne des Wachstums geben. Ein Evangelist kann z.B. weiter zu einem Lehrer wachsen; er hat dann aber diese Gabe nicht nur für einen bestimmten Augenblick oder Fall bekommen.

Was sagt die Schrift?

Wie gesagt steht Ouweneels Auffassung auch im Widerspruch zur Schrift.

Auch hier bringt er Unterschiede an, und ich muss leider sagen, dass er sich die Schrift zugunsten seiner eigenen Darlegung zurechtbiegt.

Nachdem er gesagt hat, dass es Personen gibt, in denen sich die Kraft Gottes häufiger offenbart, sagt er dann: »In diesem Sinn ist der eine ein Fuß, der andere eine Hand, ein Auge oder ein Ohr.« Damit beschränkt er die Aussage der Schrift.

Beim Lesen von 1. Korinther 12,4-11 merken wir, dass Gott dem einen diese Gabe gibt, einem anderen oder dem nächsten eine andere Gabe. Nichts lesen wir von einem zeitlichen Charakter einer solchen Gabe bzw. dass eine Gabe nicht an eine Person gebunden wäre.

In Vers 12 wird das Bild des menschlichen Körpers vorgestellt und gesagt, dass der Leib viele Glieder hat. Danach wird die Betonung auf die Einheit dieses Leibes gelegt. Schließlich sagt der Apostel, dass dies genauso auch für den Leib des Christus gilt.

Im Weiteren arbeitet Paulus dieses Bild aus: Der Leib besteht nicht nur aus einem Glied, sondern aus vielen Gliedern. Er nennt den Fuß, die Hand, das Ohr und das Auge. Ist der Fuß etwa nur in einem bestimmten Moment Fuß, um laufen zu können? Und wie ist es mit dem Auge? Erhält es in einem bestimmten Fall die Sehfähigkeit und im nächsten Augenblick kann es hören? Niemals! Ein Fuß ist und bleibt ein Fuß, ein Auge ist ein Auge und bleibt ein Auge.

Dieses Bild eines gewöhnlichen Körpers überträgt der Apostel nun auf die Versammlung, den Leib Christi. Schon in Vers 25 wird das angedeutet und in Vers 27 wird klar gesagt: Ihr seid der Leib Christi und Glieder im Einzelnen. Was für den menschlichen Leib gilt, gilt deshalb ebenso auch für den Leib Christi. Wer dort ein Fuß ist, ist ein Fuß, ein Auge ist ein Auge usw.

Das Zurechtbiegen der Schrift zeigt sich bei WJO in seiner Aussage, dass jemand in diesem Sinn ein Fuß sei usw. So lässt er die Schrift etwas anderes sagen als das, was wirklich geschrieben ist!

Danach zählt der Apostel verschiedene Gaben auf und stellt fest, dass nicht alle Apostel, Propheten, Lehrer usw. sind. Wenn es nach Ouweneel geht, kann jeder Gläubige in einem bestimmten Augenblick Lehrer, Prophet usw. sein. Das widerspricht völlig dem, was der Apostel in den Versen 28-31 sagt.

Dass niemand aus sich selbst heraus einen bestimmten Dienst ausführen kann, ist natürlich vollständig klar. Auch dass es letzten Endes nur Gott ist, der eine Heilung bewirkt, ist ebenso eine Tatsache. Aber es ist auch ebenso eine Tatsache, dass Gott für bestimmte Dienste Menschen gebraucht und sie für diesen Dienst mit einer (bleibenden) Gabe ausrüstet.

Um seine Lehre der augenblicks~ und fallbezogenen Erteilung der Gaben zu beweisen, führt Ouweneel dann Beispiele aus dem Alten Testament an. Aufs Ganze gesehen enthält seine weitere »Beweisführung« nichts wirklich Konstruktives.

Selbstverständlich kann Gott einem Gläubigen deutlich machen, was in einem bestimmten Moment getan werden muss (s. Kap. 5.2.1); ist das aber dasselbe, wie »das Wort der Weisheit« zu geben? Oder geht es in dieser Stelle nicht eher um Gläubige, die in ihren Äußerungen durch Weisheit gekennzeichnet sind?! Bezüglich des »Wortes der Erkenntnis« können wir ein Gleiches sagen. Es geht hierbei ja nicht einfach darum, etwas zu kennen, zu wissen, was los ist, sondern darum, dass der Geist einer Person das »Wort der Erkenntnis« gibt; damit ist der Dienst des Wortes gemeint, den jemand empfangen hat.

Zusammengefasst: Der Herr gibt uns in 1. Korinther 12 eine Belehrung und dabei entdecken wir nicht, dass es eine Zuteilung von Gaben für bestimmten Situationen gibt, sondern die Zuteilung bestimmter Fähigkeiten, die jeweils in Abhängigkeit vom Herrn ausgeübt werden sollen.

An dieser Stelle ist es wohl angebracht, etwas über die drei Arten zu sagen, in denen Paulus über Gaben spricht.

Im Römerbrief behandelt er die Rechtfertigung aufgrund des Glaubens. Ab Kapitel 12 spricht er über das praktische Leben der Gläubigen. Sie sollen ihre Leiber als lebende Opfer Gott darbringen und in ihrem Denken verändert werden. Sie sollen bescheiden denken und erkennen, dass sie Glieder eines Leibes sowie auch Glieder voneinander sind. In diesem Bewusstsein sollen sie ihre Gaben ausüben und sich auch klarmachen, dass die Glieder nicht alle denselben Auftrag haben. Der eine hat diese, der andere jene Gabe. Dieser Unterschied ist, ebenso wie in 1. Korinther 12, kennzeichnend für den Leib.

Bei der Aufzählung der Gaben werden hier nicht die »Wundergaben« genannt, wie das Sprechen oder Auslegen von Sprachen, das Heilen usw., sondern solche Gaben, die im weiteren Sinn das Gemeindeleben betreffen, wie z.B. das Mitteilen oder das Erweisen von Barmherzigkeit. Wir müssen das im weitesten Sinn verstehen, es bezieht sich auf praktische Hilfeleistungen wie das Erledigen von Besorgungen für jemanden und dergleichen ganz alltägliche Dinge. Zwar ermahnt Paulus die Jünger, aber seine Anweisungen sind in erster Linie belehrend gemeint.

In der Versammlung von Korinth musste der Apostel einiges zurechtrücken – auch bezüglich des Gebrauchs der Gaben. Sein Schreiben an diese Versammlung ist in dieser Hinsicht ebenfalls ermahnend, hier aber korrektiv. In Kapitel 14 kommt dies besonders deutlich zum Ausdruck. Viele übersehen das, wenn sie Stellen aus diesem Kapitel auslegen, indem sie positiv auffassen, was ironisch gemeint ist. Wir kommen darauf noch zurück.

Im Epheserbrief spricht Paulus wieder ganz anders über Gaben. In Epheser 4 geht es nicht um Gaben, die einer bestimmten Person in der Versammlung gegeben sind, sondern um Personen, die einer Gemeinde als Geschenk gegeben worden sind. Diese Gaben sind zur Auferbauung der Gemeinde notwendig. Es gibt solche, die grundlegende Arbeit tun (= Apostel und Propheten), solche, die zu der Gemeinde hinzufügen (= Evangelisten) und solche, die aufbauend tätig sind (= Hirten und Lehrer). Hier spreche ich deshalb von Gaben in konstruktivem Sinn.

Ich will diese drei Arten nicht weiter ausarbeiten, es geht mir jetzt nur um eine knappe Information über den Unterschied zwischen diesen drei Arten, die Gaben vorzustellen.

Krankheitsmächte (Kapitel 6)

Allgemeine Vorbemerkungen

In diesem Kapitel behandelt WJO den Zusammenhang zwischen Krankheiten und (dämonischen) Mächten, die Krankheiten bewirken.

Zunächst ein paar allgemeine Bemerkungen.

Ouweneel geht hier ziemlich genau vor und warnt in zwei Richtungen vor extremen Standpunkten. Er stellt nämlich klar, dass nicht alle Krankheiten durch dämonischen Einfluss verursacht sind. Außerdem weist er darauf hin, dass infolge der gewachsenen Kenntnis heute viel mehr Heilungen durch ärztliche Bemühungen zustande kommen als früher (S. 172f.).

Andererseits sagt er auch, dass dämonischer Einfluss bei Krankheiten häufiger vorkommt, als viele Menschen denken. Diesen Aspekt betont er meines Erachtens aber zu stark; das ist zwar verständlich, weil dies nach seiner Meinung ein in der Christenheit vernachlässigter Aspekt ist. Aber wie oft kommt es denn tatsächlich vor, dass Aids oder Krebs mit dämonischem Einfluss zusammenhängen? Mir scheint dieser Zusammenhang doch sehr gering zu sein.

Zum Zweiten stelle ich fest, dass Ouweneel sich auf seine persönliche Erfahrung und auf die Meinung von »Heilungsdienern« beruft (6.1.2). Wir wollen das auf sein Wort hin so stehen lassen, aber ich hege hierbei doch starke Bedenken. Beim Gebrauch des Internet z.B. muss man sehr vorsichtig sein, denn es werden unter Verwendung von Zitaten manchmal sehr negative Dinge über bestimmte Heiler mitgeteilt (man braucht nur mal das Programm »Google« zu benutzen). Auf der anderen Seite kann man natürlich auch nicht alles Negative einfach unbeachtet lassen und als Lüge oder Lästerung abtun.

Drittens fällt auf, dass Ouweneel bei der Darstellung seiner Meinung häufig Wendungen benutzt wie »es scheint«, »es kann sein« oder »wahrscheinlich«; das klingt zwar einigermaßen zurückhaltend, andererseits sind solche Ausdrücke aber suggestiv.

Zehn biblische Beispiele für eine Verbindung zwischen Krankenheilung und dämonischem Einfluss (S. 167-170)

1. Das Beispiel Hiobs (s. meine frühere Bemerkung hierzu) scheint mir zu speziell zu sein, um als »Beweis« für die Entstehung von Krankheiten durch dämonischen Einfluss zu dienen. Das Gespräch zwischen Gott und Satan zeigt nur, warum Gott dem Satan erlaubte, Hiobs Gesundheit (in zweiter Instanz) anzutasten.

2. Bei der Besprechung von Lukas 6,19 möchte ich den Unterschied zwischen der Heilung von Kranken und der Heilung

von solchen, die von unreinen Geistern gequält werden, stärker betont sehen – dies vor allem im Blick auf Vers 18. Der für sich allein stehende Fall von Lukas 9,42 kann nicht herangezogen werden, um diesen allgemeinen Unterschied aufzuheben oder abzuschwächen. In Bezug auf diesen Unterschied gebe ich die folgende Übersicht:

a. Dieser Unterschied wird an etlichen Stellen vermerkt, u.a. in Matthäus 4,23-24 (Lk 6,18); 8,16-17 (Mk 1,32-34; Lk 4,40-41); 10,1-2.8 (Mk 6,13; Lk 9,1); Markus 3,11; 16,17-18; Lukas 8,2; Apostelgeschichte 5,15-16; 19,12.

b. Andere Stellen sprechen ausschließlich von Kranken: Matthäus 8,5-13 (Lk 7,1-10; Joh 4,46); 9,35 (wenn wir unter »Gebrechen« hier auch das Leiden unter bösen Geistern verstehen müssen, dann fällt diese Stelle unter Punkt a.; diese Annahme ist allerdings zweifelhaft, denn in 10,1 wird das Behaftet-Sein mit einem »Gebrechen« von dem Leiden unter bösen Geistern unterschieden); des Weiteren 14,14.35-36 (Mk 6,53-56); 25,36 (hier kann keinesfalls von Besessenheit gesprochen werden); Markus 6,5; 7,31-37.56; Lukas 5,15; 10,9; Johannes 5,1-18; 6,2; 11,1-3; Apostelgeschichte 3,1-11; 9,37; 28,8-9.

c. Außerdem gibt es verschiedene Fälle, wo böse Geister ausgetrieben werden, ohne dass von Krankheit die Rede ist: Matthäus 8,28-32 (Mk 5,1-13; Lk 8,26-33); 15,25 (Mk 7,24); Markus 1,23-26 (Lk 4,31-37).

In Apostelgeschichte 10,38 scheint (!), so sagt WJO, dämonische Belastung mit Krankheit gleichgesetzt zu werden, das heißt aber noch nicht, dass dies wirklich der Fall ist. Außerdem wird vorher gesagt, dass Jesus »wohltat«, und das könnte sehr wohl auch die Heilung von Kranken einschließen. Wie es auch sei, der Schluss, den WJO zieht, geht meines Erachtens zu weit.

3. Ouweneel zieht eine Folgerung aus der Tatsache, dass in Lukas 7,21 die bösen Geister genannt werden, in Vers 22 aber nicht. Und zwar schließt er daraus, dass hier wahrscheinlich Blinde, Lahme usw. von bösen Geistern geheilt worden sind. Diese Folgerung ist sehr spekulativ, was schon durch das Wort »wahrscheinlich« zum Ausdruck kommt.

4. Das Gebundensein durch Satan, von dem Lukas 13,11 spricht, muss nicht bedeuten, dass diese Frau dämonisch gebunden war; es kann auch bedeuten, dass Satan sie – wie bei Hiob – durch die Krankheit gebunden hatte.

5. Allerdings kommt die Kombination von Stummheit, Taubheit und Besessenheit in der Schrift vor (s.o. mein Punkt c.), man beachte aber, dass es dabei nur um einzelne Fälle geht.

6. Der Ausdruck »bedrohte« in Lukas 4,39 ist in der Tat auffallend. Den Nachdruck allerdings darauf zu legen, dass das Fieber »sie verließ« – mit dem unausgesprochenen Gedanken, dass sie von einem unreinen Geist besessen gewesen war – halte ich wiederum für spekulativ. Es kann ebenso sein, dass der Herr das Fieber bedroht, weil Satan diese Frau krank gemacht hat oder auch weil der Herr Krankheit als ein Übel betrachtet, das durch Satans Aktivität in die Welt gekommen ist.

7. Die Unterstellung, der Taubstumme in Markus 7,31-37 könnte besessen gewesen sein, weil Jesus bei der Heilung dieses Mannes Seine Finger in dessen Ohren legte und weil in Lukas 11,20 steht, dass der Herr durch den Finger Gottes die Dämonen austrieb, ist wieder vollkommen spekulativ. Ouweneel springt hier vom wörtlichen Gebrauch der Finger zu der geistlichen Verwendung des Ausdrucks »Finger Gottes«, der doch nichts anderes bedeutet als die Macht Gottes (vgl. 2Mo 8,15).

8. In Apostelgeschichte 19,12 steht, dass Schweißtücher auf die Kranken gelegt wurden, dass dann die Krankheiten verschwanden und die bösen Geister ausfuhren. Ouweneel liest diese Stelle, als ob dort stünde, die Geister hätten die Kranken verlassen, aber das steht dort nicht! Das Wort »und« fügt zwei Dinge kurz zusammen, aber damit werden »Krankheit« und »Besessenheit« durchaus nicht als ein und dasselbe betrachtet (s.o. Punkt a.). Ouweneel will offenbar etwas in diese Stelle hineinlesen, was nicht da steht, um seine Meinung darauf gründen zu können. Das gilt auch für sein Argument, das sich auf Matthäus 8,16 gründet; zu beachten ist auch hier der Ausdruck »scheint«.

9. Das Überliefern an den Satan (1Kor 5,5) kann natürlich beinhalten, dass die Person krank wurde, das heißt aber noch

lange nicht, dass bei jeder Krankheit der Satan mit im Spiel ist. Das sagt WJO auch nicht; dieser Punkt hat somit keine allgemeine Aussagekraft.

10. Im Tausendjährigen Reich, wenn der Satan gebunden ist, wird es keine Krankheit mehr geben. Ouweneel will hier nun einen Zusammenhang herstellen. Er benutzt diese Tatsache als Beweis für die Behauptung, mit der er die zehn Punkte begann, dass es nämlich eine Verbindung gebe zwischen Krankheit und Dämonen (s.S. 167). Und dennoch gibt es im Tausendjährigen Reich noch Sterbefälle, und Heilung gibt es nur für solche, die zu dem Volk Gottes gehören (den Bewohnern des Landes), sowie für diejenigen, die den Namen des Herrn fürchten (s. Jesaja 33 und Maleachi 3).

Mit diesen Hinweisen habe ich versucht, den besonderen Nachdruck, den WJO auf die Verbindung zwischen Krankheiten und geistlichen Mächten legt, mit den biblischen Aussagen darüber in Einklang zu bringen. Diese Übereinstimmung gelingt leider bei WJO nicht.

Die Abschnitte 6.1.2 über die Erfahrungen von »Befreiungsdienern« sowie 6.1.3 über (die) Natur und Geister belasse ich der Verantwortung Ouweneels. Hinweisen möchte ich nur auf die Verwendung von Ausdrücken wie »es sieht danach aus …«, »könnten« u.Ä. auf S.173; hierauf habe ich in meiner allgemeinen Einleitung schon hingewiesen. Hinter solchen Formulierungen kann man sich schön verstecken. In einer Abhandlung, in der man neue Gedanken vorstellen will, darf man sie meines Erachtens nicht verwenden.

Bei Abschnitt 6.2.1 will ich die Aufmerksamkeit noch auf die Fußnote 12 lenken. Einige der dort zitierten Stellen lassen keinen Zusammenhang mit Krankheiten erkennen, ebenso wenig mit okkulten Einflüssen. Sie zeigen allein (und das ist ja auch wichtig genug), dass wir vor Satan und seinen Untertanen auf der Hut sein müssen. Auf S. 175 unten und S. 176 weist Ouweneel zwei einseitige Annäherungsweisen zurück.

Zu der Anführung aus 2. Mose 15,26 »Ich bin der Herr, der dich heilt«, möchte ich nebenbei noch vermerken, dass es sich hier um das Auferlegen (oder auch Ersparen, wie bei Davids Volkszählung) der Krankheiten handelt, die Gott mit den zehn Plagen den Ägyptern auferlegt hat. Das bezieht sich nicht auf geringfügige Alltagszipperlein, aber auch nicht auf schwere Krankheitsfälle, die dann und wann die Gläubigen befallen.

Man sollte schon genau hinsehen, was in diesem Vers steht!

Zu 6.3.1 möchte ich den Leser an die ungegründete Aussage von WJO über die rhetorische Unfähigkeit Moses (2Mo 4,11) erinnern, die er hier wiederholt und dabei (wie schon vermerkt) sogar von »Heilung« spricht!

In diesen Vers legt Ouweneel Sachen hinein, die überhaupt nicht da stehen. Ich wiederhole: Er biegt sich den Text zurecht, damit er seiner Argumentation entspricht!

Diese Tendenz meine ich in diesem 6. Kapitel auch bei anderen Stellen wahrzunehmen, die von WJO angeführt werden.

Was Ouweneel in 6.3.2 sagt (dass man unbedingt ein Wunder sehen will), ist an sich wohl zutreffend; wir müssen in der Tat aufpassen, dass wir nicht mit einer »natürlichen Erklärung« ein echtes Wunder wegerklären oder gar es dem Satan zuschreiben. Etwas anderes ist es, dass wir die Echtheit eines Wunders wohl prüfen dürfen.

Über die Frage, was der »Pfahl für das Fleisch« des Paulus bedeutet (Kap. 6.4), wird es wohl immer Meinungsunterschiede geben. Ich möchte aber doch anmerken, dass dieser Dorn ein ganz bestimmtes Ziel hatte, nämlich der Selbstüberhebung entgegenzuwirken. Auf jeden Fall war es etwas sehr Unangenehmes, das Gott nicht weggenommen hat. Für uns enthält dies sicher diese Lektion, dass Gott auch in unserem Leben bestimmte Dinge (wozu auch Krankheiten zählen können) bestehen lässt, um uns dadurch geistlich zu erziehen. In solchen Situationen sollten wir nicht danach trachten, uns zu »beruhigen«, sondern Gottes Weg anzunehmen, damit Er mit uns Sein Ziel erreicht.

In Kapitel 6.5.1 behandelt WJO die Notwendigkeit des Befreiungsdienstes, und entsprechend dem vorangehenden Abschnitt versteht er darunter wohl das Austreiben von Dämonen, die hinter einer Krankheit verborgen sind. Demnach geht es also um

Menschen, die nicht nur durch dämonischen Einfluss »verunreinigt« sind, sondern die von Dämonen »besetzt« sind (ein Ausspruch von A.v.d. Sande).

Ouweneel führt in diesem Zusammenhang Jakobus 3,13-18 an. Auch hier legt er meines Erachtens mehr in den Text hinein, als er wirklich enthält. In Vers 13 steht die Frage, wer unter den Lesern weise ist; danach folgt der Aufruf, Werke der Sanftmut und Weisheit zu zeigen. Als Gegensatz dazu nennt der Apostel Neid und Streitsucht, die einer anderen Art von Weisheit zugehören, nicht der Weisheit von oben, sondern einer irdischen, ungeistlichen, teuflischen Weisheit. Damit ist der Ursprung dieser Weisheit angegeben; das beinhaltet aber noch nicht dämonische Besessenheit. Für solche bösen Dinge ist kein Befreiungsdienst nötig, sondern ein gründliches Verurteilen und Entfernen aus dem Herzen.

Etwas Gleiches kann man über 2. Timotheus 2,26 sagen. Auch hier geht es nicht um besessene Menschen, sondern um Personen, die von Satan verführt worden sind. Ihre Zurechtbringung soll nicht durch Teufelaustreibung, sondern durch Zurechtweisung (s.V. 19) geschehen, die von Gott zu ihrer Umkehr eingesetzt wird. Ich habe auch hier den Eindruck, dass WJO die Bibelstellen im Sinne seiner »Beweisführung« zurechtbiegt.

In 6.5.2 behandelt WJO die Wirkung von Dämonen, die er deren »Vererbung« nennt. Von Krankheiten sagt er, dass sie erblich genannt werden, weil sie von Generation zu Generation in einer Familie vorkommen. Das ist ja eine bekannte Erscheinung. Die eine Seite dieses Themas behandelt er nun sehr genau und stellt fest, dass die Vererbung eine biologische Grundlage hat. Es ist aber möglich, so Ouweneel dann, dass es auch geistliche Ursachen gibt, so müsse, wenn eine biologische Begründung vorliegt, immer untersucht werden, ob nicht auch eine geistliche Ursache mit im Spiel ist. Gerade das wird hier nun stark betont, und Ouweneel beruft sich wieder auf die Erfahrung von Befreiungsdienern, die besagt, dass Dämonen von sterbenden Personen am ehesten auf nahe Familienangehörige der Sterbenden übergehen. Da muss ich dann sofort wieder fragen, wie zuverlässig die Aussagen solcher Zeugen sind.

Ouweneel spricht hier offensichtlich über Besessenheit, nicht etwa über satanische Verführung. Auch jetzt stellt er ganz richtig fest, dass ein solches »Überspringen« nur möglich ist, wenn die betreffende Person sich dafür öffnet. Ist aber dieses Offensein einfach schon dadurch gegeben, dass jemand »im Fleisch« ist? Kann diese Öffnung unbewusst geschehen? Ich denke, dass so etwas nur möglich ist, wenn man sich ganz bewusst mit okkulten Dingen beschäftigt. Durch all dies bringt Ouweneel so manchen Leser zu einer ungesunden Selbstbeobachtung, wodurch man Gefahr läuft, sich gerade der Wirkung Satans zu öffnen.

Dass dämonische Geister eine Behausung suchen, können wir ableiten (wie wir es immer getan haben) aus dem Bericht über den Besessenen im Land der Gadarener. Beachten wir aber, dass diese Dämonen nicht einfach so überspringen; sie bitten ausdrücklich darum, nicht in den Abgrund geschickt zu werden, und sie sind abhängig von der Zustimmung des Herrn, um in die Schweine fahren zu dürfen. Diese haben sich doch bestimmt nicht für diesen Umzug geöffnet! Dies ist somit ein ganz besonderer Fall. In den anderen Fällen von Dämonenaustreibung lesen wir nichts von einem solchen Umzug!

Konkretere Auskunft bietet dazu die Stelle aus Matthäus 12,43 (S. 189). In diesem bestimmten Fall fährt der Dämon von dem Menschen aus, sucht dann Ruhe und findet sie nicht. Er geht dann zurück zu seiner ersten Behausung und findet sie gereinigt und geschmückt. Man beachte genau: Das Haus ist jetzt »leer«! Es ist nichts für Gott Wertvolles zu finden. Der Geist Gottes wohnt nicht darin! Dann nimmt er mit sieben anderen Geistern wiederum Einzug in dieses leer stehende Haus, und das Letzte dieses Menschen ist schlimmer als das Erste. So kann es also geschehen bei wirklich Besessenen, von denen der böse Geist ausgefahren ist. Und wie ist das passiert? Etwa auf Eigeninitiative des unreinen Geistes? In solchen Fällen ist es unbedingt nötig, dass das »Haus« mit guten Dingen gefüllt wird, d.h. mit den Dingen des Geistes Gottes; sonst kann der Mensch in eine bedrohlichere Situation kommen als vorher.

Aber nun geht es weiter; am Ende sagt der Herr: »So wird es auch diesem bösen Geschlecht ergehen.« In Israel wirkte der unreine Geist des Götzendienstes. Dieser Geist war ausgezogen – das ist z.B. nach der babylonischen Gefangenschaft geschehen. Stattdessen kam bald ein toter Gottesdienst, das »Haus« Israel blieb leer, und ihren Messias haben sie verworfen. In der Zukunft wird der unreine Geist allerdings zurückkehren, und dann wird ein schlimmerer Götzendienst vorhanden sein als früher. Das wird in der Zeit des »Tieres« geschehen, von dem in Offenbarung 13 gesprochen wird.

Bedeutet das nun, dass das Volk allein aus Besessenen besteht? Ich glaube nicht, das so sehen zu müssen. Allerdings schließt es ein, dass das Volk sich dann von Satan leiten lässt.

Wir müssen nämlich unterscheiden zwischen wirklicher Besessenheit und einem Sich-Bewegen in der Machtsphäre Satans.

Ein Beispiel dafür haben wir in dem Fall von Ananias und Saphira (Apg 5,1-11). Nichts steht davon geschrieben, dass dieses Ehepaar besessen gewesen sei, sondern dass der Satan ihr Herz erfüllt hat, um den Heiligen Geist zu belügen. Es geht hierbei nicht um Besessenheit, sondern um die Wirkung Satans in ihren Herzen. Dasselbe trifft auf Judas zu. Dieser Jünger war kein Besessener, sondern er hat sich der Wirkung Satans geöffnet und hat seinen Meister verraten (Joh 13,2).

WJO trägt auf S. 189-190 vor, dass dämonische Einflüsse bis in die dritte und vierte Generation weiterwirken können. In der dazugehörigen Anmerkung Nr. 50 verweist er auf folgende Schriftstellen: 2. Mose 20,5; 34,7; 4. Mose 14,18; 5. Mose 5,9. Diese Stellen sagen aber nichts über das Weiterwirken dämonischer Einflüsse, sondern nur über die Tatsache, dass Gott die Ungerechtigkeit der Väter an den Kindern heimsucht, und zwar bis ins dritte und vierte Geschlecht. Dieses Zitat aus den Zehn Geboten sollten wir aber nicht bei der Erwähnung des vierten Geschlechts beenden, denn nach diesem Ausdruck folgen hier (wie auch in 5Mo 5,9, wo die Zehn Gebote wiederholt werden) die Worte »derer, die mich hassen«.

Anlässlich einer Frage zu dem von der Stiftung »Was sagt die Bibel?« herausgegebenen Bibelkurs habe ich seinerzeit folgende Antwort gegeben:

Gott straft niemals »einfach so« die Kinder für die Sünden ihrer Väter. Im Gesetz heißt es, dass die Väter nicht wegen der Sünden ihrer Kinder und die Kinder nicht für die Sünden ihrer Väter getötet werden dürfen (5Mo 24,16; 2Chr 25,4; Hes 18,20).

Beachten wir, dass in 2. Mose 20,5 nicht vom »Vater« in der Einzahl gesprochen wird, auch nicht nur von den unmittelbaren Vätern, sondern allgemein von den Vätern. Damit ist nicht nur der direkte Vater, sondern auch der Großvater usw. gemeint. Es geht also darum, dass die Sünden der (Vor-)Väter an ihren Kindern, d.h. ihren Nachkommen heimgesucht werden. Es ist aber zu beachten, was dabei steht: »derer, die mich hassen«. Mit anderen Worten: Wenn die Nachkommen in den Sünden ihrer Väter wandeln, dann werden deren Sünden auch an ihren Nachkommen heimgesucht.

Siehe hierzu auch Matthäus 23,34f.; dort sieht man, dass dieser Grundsatz auch in bildlichem oder geistlichem Sinn zutrifft. Obwohl die Juden nicht von Kain abstammen, wird das Blut Abels doch von ihrer Hand gefordert werden; sie sind nämlich geistlicherweise Nachkommen Kains, der seinen Bruder ermordet hat. So haben sie ihren Bruder, Jesus Christus, ermordet, und deswegen wird die Sünde Kains ihnen zugerechnet!

In diesem Zusammenhang ist es nützlich, das ganze Kapitel 18 von Hesekiel in Ruhe durchzulesen. Das Kapitel beginnt mit dem Vorwurf, dass die Väter unreife Trauben gegessen haben, und dass Gott diese Tatsache auf ihre Kinder gelegt habe, die deswegen stumpfe Zähne bekommen hätten. Man beachte, wie Gott diese Anschuldigung widerlegt!!

Das Heimsuchen der Sünden an den Nachkommen schließt ein, dass Gott den Nachkommen die Sünden der Väter zurechnet. Auf S. 190 weist Ouweneel mit Recht darauf hin, dass Kinder für die Sünden ihrer Väter nicht bestraft werden, aber dass sie wohl einen Schaden davontragen. Dieses Erfahren eines Schadens ist zwar völlig zutreffend, aber das ist es nicht, was mit »Heimsuchen der Sünden« bis ins dritte und vierte Geschlecht gemeint ist. Das nämlich schließt ein, dass sie für die Sünden ihrer Vorväter als mitverantwortlich angesehen werden, d.h. dass ihnen diese Sünden zugerechnet werden!! Die Stellen aber, die in Anmerkung 50 angegeben werden, haben nichts zu tun mit einem Fortwirken von dämonischen Einflüssen.

Auf S. 190 oben spricht WJO auch über Verfluchungen, die auf nachfolgende Generationen fortwirken. In Anmerkung 51 nennt er dazu folgende Stellen:

- 1. Mose 9,24. Hier wird der Fluch wiedergegeben, den Noah über Kanaan ausspricht. Von diesem Fluch sind auch die Nachkommen Kanaans betroffen. Die Tatsache, dass er ein Knecht Sems werden soll, sehen wir darin erfüllt, dass Israel die Kanaaniter unterwirft und ihr Land in Besitz nimmt. Das aber hat nichts mit einem dämonischen Einfluss oder mit einer Erbschaft solcher Einflüsse zu tun; diesen Zusammenhang versucht Ouweneel aber herzustellen.

- 5. Mose 28,41.46.59. In diesen Stellen geht es um den Fluch des Bundes, den Israel zu erwarten hat, wenn es den Bund nicht hält. Es wird von traurigen Ereignissen gesprochen, die im Verlauf der Zeiten über Israel kommen werden. Sogar gottesfürchtige Israeliten würden unter diesen Ereignissen zu leiden haben, wie wir bei Daniel und seinen drei Freunden sehen, die nach Babylon verschleppt wurden. Auch diese Stellen sagen nichts über ein Erben dämonischer Einflüsse.

- 5. Mose 30,19. Auch diese Stelle spricht über den Segen und den Fluch, der über Israel kommen wird, je nachdem, ob sie dem Herrn dienen oder sich von Ihm abwenden. Die anderen Stellen aus Josua und 2. Samuel reden über schreckliche Dinge, von denen ganze Familien (wie bei Achan) betroffen wurden, und wir können auch durchaus Schwierigkeiten mit diesen Stellen haben; über das sogenannte Erben von dämonischen Einflüssen sagen sie allerdings nichts – genau darum aber geht es in 6.5.2, Punkt 3.

Dass Flüche über Generationen hinweg fortwirken können, ist eine Tatsache; der Fluch aber, den Gott mit dem Bund verbunden hat, wirkt so lange weiter, wie das Volk von dem Bund abweicht, und er wird erst unterbrochen, wenn das Volk seine Schuld bekennt. In diesen Fällen werden die Sünden der Väter an den Nachfahren heimgesucht, weil diese in den Sünden der Väter weiterlebten. Den nachfolgenden Geschlechtern werden dann die Sünden der Vorväter zugerechnet, wie es auch bei den Amalekitern, den Ammonitern und den Moabitern war (5Mo 23,4), aber das hat – um es noch einmal zu sagen – nichts mit geistlicher Vererbung zu tun.

Oben auf S.190 finden wir die Aussage, dass jeder von uns dreißig Vorfahren hat, die beispielsweise die Folgen ihrer okkulten Kontakte auf uns übertragen haben können. Eine solche Rechnerei widerstrebt mir zutiefst; wichtiger aber ist, dass auch hier wieder die von Ouweneel in Anmerkung 52 angeführten Stellen nichts mit einem Übertragen okkulter Kontakte zu tun haben. Es geht in diesen Stellen lediglich um das Bekennen der eigenen Sünden und derer der Vorväter. Auf Israel lastete der Fluch des Bundes, weil es von dem Weg des Herrn abgewichen war. Völlig zu Recht haben gläubige Israeliten ihre eigenen Sünden und die ihrer Väter bekannt. Sie waren durch diesen Fluch keineswegs okkult belastet, aber sie haben sich der Tragweite dieses Fluches unterstellt; man sollte hierzu noch einmal 5. Mose 28,15ff. lesen. Wenn Israel seine Schuld bekannt hätte, wäre es nicht etwa von einer okkulten Belastung befreit worden, sondern von den Folgen des Fluches; sie wären wieder in ihr Land zurückgeführt worden und hätten (statt des Fluches) den Segen des Bundes empfangen.

Natürlich enthält dies wiederum die Lektion für uns, auf die ich schon hingewiesen habe: Wenn unsere geistlichen Väter gesündigt haben und wir selbst in ihrer Spur weitergelebt haben, dann müssen wir nicht nur unsere eigenen Sünden bekennen, sondern auch die unserer Väter, um wieder vor Gott richtig zu stehen und Seinen Segen empfangen zu können.

Was den Rest dieses Kapitels betrifft, möchte ich dem Leser anraten, die Aussagen von WJO in der gleichen Weise zu prüfen, wie ich es oben getan habe. Er wird dann erkennen, mit welcher Leichtigkeit WJO Schlussfolgerungen zieht bzw. eine Meinung vorträgt. Als Beispiel erwähne ich S. 192, wo der Verfasser angibt, aus welchem Grund Jesus einen Blinden aus dem Dorf hinausgeleitete (Mk 8,23), nämlich um ihn aus dem Machtbereich des »territorialen Geistes« des Dorfes hinauszuführen. Zwar sagt Ouweneel, dass dies »möglich« sei, trotzdem ist die Aussage vollkommen spekulativ.

Ich verkenne übrigens nicht, dass Gott bestimmten Engeln Machtgebiete zugestanden hat (siehe hierzu mein Buch »Babel – das Bild und das Tier«, Teil 2, S. 196-200). Ouweneel arbeitet diese Tatsache allerdings viel weiter aus, als die Schrift es angibt, und verfällt so in Spekulationen.

Ich will damit nicht sagen, dass seine Gedanken nicht sinnvoll sind, aber er vermischt sie mit Spekulationen und das macht die Beurteilung so schwierig.

Krankheit und Sünde (Kapitel 7)

In Kapitel 7 behandelt WJO den Zusammenhang zwischen Krankheit und Sünde. Zum Glück entschärft er das Thema sofort, indem er sagt, dass wir nicht hinter jeder Krankheit eine Sünde wittern müssen. Gleiches hatte er vorher schon in Kapitel 6 in Bezug auf einen Zusammenhang zwischen Krankheit und dämonischem Einfluss gesagt. Das ist also positiv. Auch sagt er über den Zusammenhang von Krankheit und Sünde manches, das wir uns zu Herzen nehmen können. Daneben trifft er allerdings auch Aussagen, hinter die ich ein Fragezeichen setze.

Unser Bruder nennt drei Ursachen von Krankheiten, und zwar:
1. Krankheiten als Folge menschlichen Verhaltens
2. Krankheiten, die Gott bewirkt
3. Krankheiten, die Satan bewirkt.

Beim letzten Punkt nimmt er Bezug auf das, was er schon vorher geschrieben hat, drückt sich dabei aber weniger präzise aus. In Kapitel 3.1 hatte er geschrieben, dass Krankheiten mit unerklärlichen Ursachen oft dämonischer Belastung zuzuschreiben seien. Jetzt aber schreibt er auf S. 204 unten, dass Krankheiten (ohne eine Einschränkung anzugeben) oft aus dämonischem Einfluss resultieren. Hat er sich hier versehen? Unmittelbar danach wird er wieder genauer und beruft sich für das Folgende »auf die reiche Erfahrung der Befreiungsdiener«. Das ist ja allein schon ein heikler Punkt, denn wer könnte das nachprüfen? In einer Fußnote dazu verweist er allerdings auf Lukas 22,31; Epheser 4,26f.; 1. Timotheus 3,7; 2. Timotheus 2,25f. Hier erwartet man dann eine Reihe von Bibelstellen, die diese »reiche Erfahrung« stützen, die uns somit einen Halt geben. Tatsächlich sagen diese Stellen aber gar nichts über Krankheit und ebenso wenig über dämonischen Einfluss, sondern nur über die Verführungskünste Satans, denen wir alle ausgesetzt sind.

Unter »persönliche Sünden« zählt WJO dann einige Sünden auf, von denen bekannt ist, dass sie Krankheiten bewirken können. Bei einigen dieser Sünden ist der kausale Zusammenhang mit Krankheiten deutlich, bei anderen vermisse ich diesen Zusammenhang ebenso wie biblische Belege, die diese Behauptung stützen. Sprüche 6,16-19 wird genannt, aber dort gibt es keine Verbindung mit Krankheit.

Bei den Sünden der Väter (Punkt II, S. 206) nennt Ouweneel unter »f« Verfluchungen oder Beschwörungen, die über Kinder ausgesprochen werden, z.B.: »Du bist nutzlos!« Ich habe Schwierigkeiten, die von ihm genannten Beispiele als Verfluchungen oder Verwünschungen zu werten, wobei ich durchaus sehe, dass solche Aussprüche ernstliche nachteilige Folgen für Kinder haben können, aber das ist eine andere, nämlich psychologische Sache.

Unter Punkt 7.1.2 geht es um negative Voraussagen. WJO spricht von Verfluchungen und ihren schwerwiegenden Auswirkungen. Er führt auch einige Bibelstellen an, die darüber sprechen, wie viel Böses man mit seiner Zunge bewirken kann. An und für sich sind dies natürlich warnende Bibelstellen. Die Frage ist aber, ob in diesen Stellen Krankheiten gemeint sind, die die Auswirkung verkehrten Sprechens sind. Ouweneel geht offensichtlich davon aus; aber das ist dann seine Interpretation. Das Beispiel Rahels erfordert durchaus unsere Aufmerksamkeit. Jakob hatte gesagt: »Bei wem du deine Götter findest, der soll nicht leben.« Das könnte man in der Tat eine Verfluchung nennen. Ouweneel behauptet nun, dass diese Verfluchung in Erfüllung gegangen sei, weil Rahel sehr bald nach diesem Vorfall in ihrem Kindbett gestorben sei. Wie bald danach dies geschehen ist, ist allerdings die Frage, denn es passiert noch einiges in der Zeit dazwischen (siehe 1Mo 32-35). Viel aussagekräftiger ist, dass Rahel nicht krank wird und stirbt, sondern dass sie während der Entbindung stirbt, was eine ganz natürliche Ursache gehabt haben kann. Außerdem sagt die Schrift überhaupt nicht, dass sie aufgrund der Verfluchung Jakobs gestorben ist. Einen Beweis für die »schwerwiegenden Folgen« negativer Voraussagen kann ich hierin nicht sehen.

Nach den Worten unseres Bruders bedeutet Fluchen und Segnen nicht nur das Aussprechen schlechter oder guter Dinge über jemanden, sondern dass man mit dem Aussprechen diese Dinge auch aktiv auf den anderen bringt. Er versucht dies zu bekräftigen, indem er sagt, dass das Wort »*logos*« im Griechischen nicht nur »Wort«, sondern auch »Kraft« bedeutet. Die Bibelstellen, die er als Beweis für diese Aussage anführt, kann man natürlich nicht abschwächen, das bedeutet aber nicht, dass jeder Verfluchung, die irgendein Mensch ausspricht, diese Kraft innewohnt. Natürlich gilt das wohl, wenn Gott einen Segen oder einen Fluch ausspricht. Man denke an das ernste Wort, das Josua als Knecht Gottes über denjenigen aussprach, der Jericho wieder aufbauen würde. Dieser Ausspruch ist wörtlich in Erfüllung gegangen, und diese Erfüllung ist auch deutlich erwähnt worden (1Kö 16,34). Das heißt aber nicht, dass jeder negative Ausspruch über einen anderen dieselben Folgen hat.

Wenn Ouweneel auf S. 208-209 sagt: »Auch die Kraft des *menschlichen* Wortes kann nicht hoch genug eingeschätzt werden, ob es nun durch den Heiligen Geist oder durch das Fleisch gesprochen wird«, dann halte ich das einfach für übertrieben. Er sagt, dass sogar die ewige Bestimmung eines Menschen davon mitbetroffen sei, und führt dazu Matthäus 12,37 an: »Denn aus deinen Worten wirst du gerechtfertigt und aus deinen Worten wirst du verurteilt.« Diese Stelle sagt aber doch nichts über die Auswirkung der Worte eines Menschen, die er über andere ausspricht?!? Die Stelle sagt nicht mehr und nicht weniger, als was Johannes 5,28-29 über die aussagt, die das Gute bzw. das Böse getan haben: Wir sind verantwortlich für das, was wir tun. Dabei bewirken unsere Taten an sich nicht das ewige Heil oder die ewige Verdammnis, sondern das Heil wird empfangen aufgrund des Glaubens und nicht aufgrund von Werken. Wenn aber jemandes Werke ein Zeugnis des Glaubens sind, dann wird ein solcher das Leben empfangen. Genauso ist es mit unseren Worten: Wenn die Worte schlecht sind (und von Unglauben zeugen, JGF), dann werden wir verurteilt werden, und gute Worte bewirken (als Ausdruck des Glaubens), dass wir gerechtfertigt werden. Auch hier vermisse ich eine wirklich schriftgemäße Begründung.

Auf S. 209 liefert Ouweneel zwar eine gewisse schriftgemäße Begründung, wenn er nämlich Sprüche 26,2 anführt. Dieser Vers sagt, dass ein unbegründeter Fluch nicht eintrifft. WJO dreht diesen Vers allerdings um und schließt daraus, dass ein begründeter Fluch dann wohl eintrifft. Ich könnte mit diesem Schluss Frieden haben, es drängt sich dann aber die Frage auf, was ein begründeter Fluch ist und wer das beurteilt. Als Ursachen eines begründeten Fluches nennt er die eigene Sünde bzw. die Sünde anderer gegen uns.

5. Mose 28 ist zwar ein Schlüsseltext in dem Sinn, dass, wenn das Volk von Gott abweichen würde, der im Gesetz verzeichnete Fluch auf sie kommen würde; gibt es aber ein Beispiel dafür, dass die Sünden anderer diesen Fluch über Israel gebracht haben? Welchen biblischen Beleg kann Ouweneel dafür herbeibringen?

Die Anwendung, die Ouweneel auf S. 211 für unsere Tage macht, halte ich für unbegründet. Er dehnt 5. Mose 28 dahingehend aus, dass nicht nur Gott, sondern auch Menschen gewollt oder ungewollt über sich selbst oder über andere einen Fluch bringen können und dabei Werkzeuge Gottes, aber auch Satans sein können. In Anmerkung 19 nennt er als Beleg hierfür 1. Samuel 3,13; Matthäus 26,74; Apostelgeschichte 23,12.14.21.

Die erste dieser Stellen besagt nur, dass die Söhne Elis einen Fluch über sich selbst brachten. Es steht keineswegs dabei, dass sie oder andere über sie einen Fluch ausgesprochen hatten, der nun in Erfüllung gegangen wäre. Sie haben einfach durch ihr sündiges Verhalten den Fluch Gottes über sich gebracht, den Fluch der Übertretung des Bundes Gottes.

Die zweite Stelle sagt, dass Petrus anfing zu fluchen und zu schwören, dass er Jesus nicht kenne. Ob dies auch eine Selbstverfluchung einschloss, bleibt offen, jedenfalls lesen wir nichts davon, dass dieser Fluch in Erfüllung gegangen wäre, und erst recht nicht, dass dies etwas mit einer Krankheit zu tun gehabt hätte, die Petrus befallen hätte. Die Verse aus Apostelgeschichte 23 sprechen allerdings über Verfluchung. Sie besagen, dass die so Schwörenden, falls sie doch essen würden, von einem Fluch getroffen würden, indem sie z.B. sterben würden. Nun, wenn sie sich an ihren Schwur gehalten haben, dann sind sie verhungert, aber diesen Tod haben sie dann durch eine vollkommen natürliche Ursache auf sich gezogen. Wir werden aber wohl davon ausgehen dürfen, dass sie nach einer gewissen Zeit wieder zu essen begonnen haben ... Die Schrift verrät uns nicht, ob ihr Fluch auf sie herabgekommen ist, auch von Tod oder Krankheit lesen wir nichts. Solche Schriftzitate scheinen die Beweisführung unseres Bruders zu stützen, tatsächlich tragen sie dazu aber nichts bei. Sie liefern durchaus keine Beispiele für »Krankheit verursachende Flüche«.

Was Ouweneel hier tut, ist nichts anderes, als auf Biegen und Brechen seine Idee beweisen zu wollen.

Auf S. 211 gibt WJO ein paar Beispiele für Selbstverfluchung. Er erwähnt Rebekka als diejenige, auf die der Fluch Isaaks herabgekommen sei, aber wir lesen nirgends, dass Isaak Jakob verflucht habe und dass dieser Fluch auf Rebekka übergegangen sei. Der Ausspruch »ich bin des Lebens überdrüssig« (1Mo 27,46) kann auch schwerlich als ein Fluch angesehen werden, der in Erfüllung gegangen sei, weil sie bei ihrem Tod so viel jünger war als ihr Mann. Das kann wohl kaum als Beweis gelten. Auch hier also eine völlig willkürliche Schlussfolgerung.

Ob man den Ausspruch der Israeliten in 4Mo 14,2 (»Ach, wären wir doch in Ägypten gestorben oder in dieser Wüste«) als eine Selbstverfluchung auffassen darf, ist sehr zu fragen. Natürlich stimmt es, dass Gott sie gezüchtigt hat und sie in der Wüste umgekommen sind, dabei geht es aber darum, was Gott mit denen tut, die Seinen Bund brechen, nicht etwa um einen von Menschen ausgesprochenen Fluch.

Anders liegt die Sache bei dem von David über das Haus Joabs ausgesprochenen Fluch (2Sam 3,28ff.). WJO weist zu Recht darauf hin, dass dies eine verdiente Verfluchung ist, nicht ein spontan ausgesprochener Fluch, wie auf S. 211 besprochen.

Der Bannfluch, den Achan über das Volk brachte (Jos 7,12ff.), ist ebenfalls von Gott ausgesprochen worden, nicht von Achan. Dieses Beispiel hilft also auch nicht weiter. So trägt Ouweneel oft mit starken Worten etwas vor, aber wenn man dann aussagekräftige Beispiele erwartet, dann kommen keine.

In Kapitel 7.2 will er biblische Belege für den Zusammenhang von Krankheit und Sünde bringen. Brauchbare Beispiele gibt er erst auf S. 214. Dort geht es um Züchtigung, die der Herr über Sein Volk bringt, bzw. über Personen, die gesündigt haben. Dies sind wirklich warnende Beispiele. Wenn Unschuldige von Krankheiten betroffen werden, fällt es in der Tat schwer, dies anzunehmen, aber es bleibt festzuhalten: Es ist keine Schicksalslaune, sondern Gott will den Eltern oder dem Volk eine Lektion geben.

Für die Aussage auf S. 216, »von der Bibel her ist absolut sicher, dass manche Gläubige krank bleiben, weil sie nicht von Herzen vergeben wollen ...«, hätte ich gerne einen Beleg gesehen. WJO gibt aber keinen Beleg. Wohl verweist er auf Kapitel 7.1, aber dort findet man kaum etwas, das diese Behauptung begründen könnte.

In 7.2.2 kommt unser Bruder zum Neuen Testament. Nach einer detaillierten Einführung nennt er auf S. 218 das Beispiel Jakobus 5. Ich habe im Vorwort schon geschrieben, dass ich davon ausgehe, hier sei von einer Krankheit die Rede, bei der Sünde eine Rolle spielt. Kurzum, WJO sagt, es könne zwischen Sünde und Krankheit eine Verbindung geben, und darin stimmen wir überein.

In 7.3 behandelt Ouweneel die Verbindung von Krankheit, Sünde und Dämonie. Über Jakobus 3,14-16 ging es schon in Kapitel 6.5.1; den Rest dieses Abschnitts sowie den folgenden überlasse ich der Beurteilung der Leser, ebenso auch Kapitel 7.3.3 über kranke Heilungsdiener. Hierbei hätte WJO auch Jan Zijlstra nennen können, bei dem eine Gefäßerweiterung vorgenommen werden musste. Ich weiß wirklich nicht, was ich von solchen Dingen sagen soll. Ich wage nicht zu sagen, was der Herr dem Volk als Sprichwort in den Mund legt: »Arzt, heile dich selbst!« (Lk 4,23). Ich finde es aber doch seltsam, dass diese kranken Heilungsdiener nicht durch andere Heilungsdiener auf wunderbare Weise gesund geworden sind.

Der Rest des Kapitels ist schnell behandelt. Auf S. 227f. wendet Ouweneel Jesaja 53,4 meines Erachtens breiter an als Matthäus selbst es tut (Mt 8,16f.). Er beruft sich dazu auf Matthäus 12,17-21 und Lukas 4,17-21, aber was dort steht, geht, wie die Stellen selbst schon zeigen, viel weiter als alles, was zu Lebzeiten des Herrn geschehen ist. Aus Matthäus 8,16 ergibt sich eine solche Schlussfolgerung jedenfalls nicht.

In dem Zehn-Schritte-Plan in Kapitel 7.6 gibt unser Bruder verschiedene beherzigenswerte Empfehlungen. Zu Schritt 8 (sich freisprechen von okkulten Bindungen) und 9 (sich freisprechen von Verfluchungen) möge man allerdings noch einmal nachlesen, was wir über okkulte Verbindungen und Verfluchungen geschrieben haben.

Wunderheilungen und die Kraft Gottes (Kapitel 8)

Bei der Behandlung dieses Kapitels möchte ich gern eine Bemerkung wiederholen, die ich schon früher vorgestellt habe: dass Ouweneel nämlich beherzigenswerte Dinge sagt, daneben aber auch solche, die Fragen aufwerfen, und zwar manchmal sehr dringliche.

Nach meinem Eindruck führt Ouweneel uns zwar nicht in einen freien Fall, aber in eine gleitende (Abwärts-)Bewegung, indem er uns argumentierend von einem Punkt zum nächsten führt. Er fängt beispielsweise bei einer ganz besonderen, spezifischen biblischen Aussage an und verallgemeinert diese anschließend. Bei der Behandlung dieses Kapitels wurde mein Urteil deshalb immer negativer, und zum Ende hin konnte ich nur noch den Kopf schütteln. Hier sind meine Notizen:

Über die Formen des Glaubens möchte ich zu Punkt c) eine (an sich nicht so wichtige) Bemerkung anbringen. Es ist nämlich sehr zu fragen, ob Petrus mit seiner Erwähnung des Glaubens, der diesen gelähmten Mann gesund gemacht hatte, dessen eigenen Glauben oder den des Johannes und seinen eigenen gemeint hat (Apg 3,16). Man kann natürlich sagen, dass über den Glauben des Gelähmten vorher nicht gesprochen worden ist, sondern nur berichtet wird, was Petrus sagt und tut. Die andere Seite ist: Petrus hat zu dem Mann gesprochen, hat den Namen Jesu Christi genannt und ihm sogar den Befehl gegeben, aufzustehen und zu laufen. Ein solcher Befehl setzt doch wohl auch Glauben voraus. Auf der nächsten Seite behauptet WJO, der Mann könne keinen Glauben gehabt haben, weil sonst Petrus ihn nicht bei der Hand hätte greifen und ihn aufrichten müssen. Ich finde, das ist wieder eine viel zu flotte Folgerung. Das eine braucht das andere nicht auszuschließen. Es ist meines Erachtens viel eher anzunehmen, dass Petrus über den Glauben dieses Mannes spricht als über seinen eigenen und den des Johannes. Der Ausdruck »der Glaube, der durch ihn ist« bezieht sich eher auf den Glauben, den Gott bei diesem Mann bewirkt hat, als auf den Glauben, den Petrus und Johannes von dem Herrn Jesus empfangen haben, um diesen Mann gesund zu machen. Ich erwähne diesen Punkt nur, um deutlich zu machen, mit welcher Leichtigkeit, aber auch Bestimmtheit Ouweneel seine Schlüsse zieht, währenddessen ebenso auch eine ganz andere Sichtweise möglich wäre.

Wir sollen nicht nur davon überzeugt sein, dass Gott gesund machen kann, sondern wir sollen für die Genesung auch offen sein, sie erwarten (S. 245-246); dies ist ein wertvoller Hinweis. Wir müssen davon ausgehen, dass der Herr tut, was wir von Ihm erbitten, womit ich nicht sagen will, dass Er es auch immer tun wird.

Ob der Gelähmte in Johannes 5,1-18 verbittert war, wie Wimber sagt, ist auch eine Schlussfolgerung, die auf keine Textstelle gegründet werden kann. WJO fügt das Wort »vermutlich« ein (S. 247), drückt sich also vorsichtiger aus, aber er sagt knallhart, der Mann habe die Schuld für seinen Unglauben auf andere schieben wollen. Er begründet dies mit der Aussage des Mannes, er habe niemanden, der ihn in den Teich werfen könne.

Aber wer redet denn über die Schuld für seinen Unglauben?

Davon ist doch überhaupt keine Rede! Wimber und Ouweneel lassen hier ihre Fantasie durchgehen. Das Einzige, was man sagen kann, ist: Der Mann hat einfach seine Hilflosigkeit und die Trostlosigkeit seiner Lage beschrieben. Das aber darf man nicht als Weiterschieben von Schuld bezeichnen.

Aber das ist noch nicht alles; Ouweneel zieht auch eine Schlussfolgerung in Bezug auf solche, die trotz Konsultationen von Heilungsdienern nicht gesund werden, und zwar – so Ouweneel – weil sie offensichtlich mit der Bosheit und Bitterkeit in ihren Herzen nicht brechen wollen. Von daher muss es schrecklich sein, nicht gesund geworden zu sein und dann dies zu lesen … Dies nur als Hinweis am Rande.

Es gibt Heilungsdiener, die sagen, Kranke würden nur gesund, wenn sie zu Jesus kommen. Wenn Kranke also nicht gesund werden, dann liege es daran, dass sie den Herrn nicht wirklich um Heilung bitten. In Johannes 5 haben wir allerdings ein Beispiel für jemanden, der gesund wurde, ohne darum gebeten zu haben.

Auf S. 249 zitiert WJO Victor Emenike über den Verlauf von Heilungen. Nun, wir haben ja schon darauf hingewiesen, dass die Schrift bei den Berichten von Heilungen keinen »Heilungsprozess« beschreibt. Dass man trotz Verschlimmerung der Krankheitssymptome dennoch von einer Heilung ausgehen darf, ist eine sehr unnüchterne Behauptung; der Vergleich mit Menschen, die nach ihrer Bekehrung wieder in Sünde fielen, tut hier nichts zur Sache – das ist ein völlig anderer Fall, aber Emenike bringt diesen Vergleich trotzdem. Auch Gläubige haben noch das Fleisch in sich und können es leider wirken lassen. Dadurch machen sie nicht ihre Errettung ungültig, sondern sie beweisen nur, dass sie die Grundsätze des empfangenen neuen Lebens nicht verwirklichen.

Wenn nämlich die Symptome einer Krankheit nicht verschwinden, beweist dies eindeutig, dass die Person nicht gesund geworden ist – so einfach ist das.

Kapitel 8.2 handelt von Kraft und (Voll-)Macht. WJO setzt zuerst auseinander, welche Wörter in der Bibel für »Kraft« verwendet werden. So etwas kann er auch sehr gut. In 8.2.2 bespricht er dann drei Stellen, in denen von Folgendem die Rede ist:

1. dass von dem Herrn Kraft ausging, wenn Er jemanden heilte (Lk 8,46).
2. dass in dem Herrn Kraft vorhanden war, um zu heilen. Diese beiden ersten Stellen zeigen, was es bedeutete, dass der Herr die Krankheiten trug (Mt 8,16). Das war nicht einfach. Er nahm die Krankheiten wirklich auf sich, Er nahm sie voll auf Seine Rechnung. Um es volkstümlich zu sagen: »Es ist Ihm wirklich an die Nieren gegangen.«
3. Die dritte Stelle besagt, dass der Herr auch Kraft verlieh, um andere gesund zu machen. Diese Kraft hat der Herr also auch eingesetzt.

Ouweneel beginnt diesen Abschnitt allerdings mit der Behauptung, dass der Diener diese Kraft ebenfalls als eine physische Kraft erfahre, die bei einer Heilung auch spürbar von ihm ausgeht; danach erst zitiert er die drei genannten Stellen. Er wendet somit das, was vom Herrn gesagt wird, auch auf die Diener an. Im Weiteren spricht er von der Kraft des Gebets in der Versammlung. Dass Gott solche Kraft verleihen will, ist außer Frage. WJO bringt sie aber auch in den Zusammenhang mit dem Heilungsdienst. Hierzu möchte ich bemerken, dass diese Kraft nur in denen offenbar wird, die die Gabe der Heilungen vom Herrn empfangen haben; aber eine solche, nur bestimmten Personen zuerkannte Gabe erkennt Ouweneel nicht an. Nach seiner Auffassung kann jeder Gläubige in jedem Augenblick eine solche Gabe empfangen.

Diese Gedanken verbindet er nun mit der Schechina (Gegenwart Gottes in der Wolkensäule). Die Zusage des Herrn, dass er in der Mitte sein werde, wo zwei oder drei zu seinem Namen hin versammelt sind, bedeutet nach Ouweneel die Anwesenheit der Schechina. Darf man diese Schlussfolgerung aber ziehen? Die Wolkensäule ist schließlich verschwunden, Hesekiel hat gesehen, wie sie sich zurückzog. Sie wird erst zurückkehren, wenn Israel wiederhergestellt ist. Es ist eine Tatsache, dass der Herr dort in der Mitte ist, wo die Seinen in Seinem Namen versammelt sind – aber ist das die Schechina? Ouweneel zitiert hierzu 1. Korinther 14,25, wo davon gesprochen wird, dass ein Ungläubiger oder Unkundiger auf sein Angesicht fällt und bekennt, dass Gott wirklich unter den Gläubigen ist. Wie kommt es denn, dass dieser Mann niederfällt? Etwa durch gewaltige Ereignisse, die er miterlebt, so wie es bei Israel war? Keineswegs, sondern weil er durch den »prophetischen« Dienst, durch das Wort Gottes überführt wird, wodurch »das Verborgene seines Herzens offenbar« wird. Hier sehen wir diesen Prozess des Hinübergleitens, von dem ich oben gesprochen habe.

Unter Punkt 5 (auf S. 253) zitiert er eine »unter uns« unbekannte Schreiberin, die dieses Austeilen der Kraft wiederum verallgemeinert. Zwar macht Ouweneel deutlich, dass es hierbei immer um geschenkte Kraft geht, in der Anwendung spielt das aber keine Rolle mehr. Wenn er aber anschließend bemerkt, es gehe hier »um eine Kraft, zu der man bevollmächtigt ist«, dann muss man allerdings fragen, wer denn diese Vollmacht besitzt. Die zwölf Jünger (einschließlich Judas) hatten diese Vollmacht erhalten, aber haben nun alle Gläubigen diese Vollmacht? Bei der Behandlung von Markus 16 habe ich versucht, aufzuzeigen, dass die Vollmacht, Zeichen zu tun, nur bei denen vorhanden ist, die zum Predigen ausgesandt sind.

Unter Punkt 6 spricht WJO über die Kraft des Namens des Herrn und weist darauf hin, welche Wirkung es hatte, als der Herr seinen Namen nannte: »Ich bin«. Seine Widersacher damals in Gethsemane wichen zurück und fielen zu Boden. Natürlich geschah diese Wirkung nicht einfach durch die bloße Nennung des Namens, sondern weil der Herr das war, was er sagte! Ouweneel aber geht hier weiter und folgert, dass dies auch möglich sei bei Heilungen (oder anderen Kontakten) seiner Diener. Er kommt in 9.1.5 darauf zurück; wir stellen diesen Punkt deshalb auch bis dahin zurück. Hier stellt er fest, dass das gesprochene Wort also *dynamis* enthält und verweist dazu zurück auf Kapitel 7.1.2; man lese noch einmal meinen Kommentar zu Ouweneels Ausführungen dort. Er fährt dann fort: »Genau wie beim Segnen wird beim Heilen der Name Gottes auf die Menschen gelegt.« In der Fußnote 32 führt er dazu drei Stellen an, in denen es aber um den Segen geht, den der Hohepriester im Namen Gottes auf das Volk legte. Wieder »gleitet« Ouweneel unmerklich vom Besonderen zum Allgemeinen.

Was er im Weiteren über Kathryn Kuhlman schreibt, überlasse ich vollständig seiner Verantwortung. Dass die Schechina mit den Auftritten dieser Frau verbunden gewesen sein soll, will mir nicht in den Kopf!

In Punkt 7 wird dann über die Kraft gesprochen, die über den Heilungsdiener vermittelt wird. Dazu führt Ouweneel Epheser 3,17 an, sodass wir wieder auf biblischem Boden stehen, aber das ist leider nur scheinbar so. Es geht darum, dass Christus und der Heilige Geist in unseren Herzen wohne. Diese Tatsache, so führt Ouweneel aus, bedeutet nicht, dass man in jedem Augenblick die Kraft des Geistes in sich wirksam zur Verfügung hat. Dies wendet er an auf die Heilungsdiener, die ihrem Zeugnis zufolge beim Heilen Kraft von sich ausgehen »fühlen« und Kraft in sich »fühlen«. Für diese Sicht kann WJO sich lediglich auf die Aussagen der Heiler berufen, aber nicht auf die Aussagen dieser Bibelstelle.

Im Blick auf S. 255-258 habe ich nur eine kurze Notiz: Auf S. 256 schreibt Ouweneel, dass die *dynamis* des Heiligen Geistes oft mit verschiedenen sichtbaren Zeichen verbunden ist. Er nennt allerdings nur zwei Beispiele dafür; als erstes die Begleiterscheinungen der Ausgießung des Heiligen Geistes auf die Erde. Beim zweiten Beispiel (Apg 4,31) ist die Erklärung etwas schwieriger, aber hier können wir auch einfach eine Wiederholung sehen, wie es auch bei den Berichten über die Ausgießung des Heiligen Geistes der Fall ist (Apg 2,11.19). Weiterhin lesen wir in der Schrift nichts von solchen aufsehenerregenden Erscheinungen.

Auf S. 260 spricht Ouweneel über Gläubige, die gegen spektakuläre Szenen während der Zusammenkünfte sind. Er erwähnt die Ekstase bei Jesus, Petrus und Paulus. Wo aber lesen wir jemals, dass Jesus in Ekstase war? Er verweist auf Markus 3,21; ist dies aber eine Aussage der Schrift über Jesus? Gewiss nicht, denn es sind Seine Verwandten, die dies sagen, und mit keinem Wort wird von einem ekstatischen Zustand bei dem Herrn gesprochen. Es wird nur gesagt, dass Er so sehr beschäftigt war, dass man noch nicht einmal Zeit zum Essen hatte. Eine »wilde Szene«? Keine Rede davon!

Wenn davon gesprochen wird, dass Petrus und Paulus verzückt oder außer Sinnes waren, heißt das dann automatisch, dass es »wüste Szenen« gegeben hat? Selbstbeherrschung gehört zu der Frucht des Geistes, und diese hat die Apostel auch nicht verlassen, als sie verzückt waren. Den kontrastierenden Vergleich mit Trunkenheit kann man nicht so weit ziehen, dass diese Ekstase zu »wilden Szenen« geführt habe.

Das Verallgemeinern besonderer Situationen sehen wir auch in Punkt 3 (S. 260), wo es um Weissagung geht. Nach Ouweneel müssten alle Gläubigen weissagen können, wenn sie nur vom Heiligen Geist erfüllt wären. Die Beispiele von Zacharias und Paulus werden wiederum ausgedehnt, trotz der Tatsache, dass nicht alle die Gabe der Prophetie bekommen haben.

In Punkt 4 haben wir wieder eine Verallgemeinerung vor uns, wenn hier auch nicht so deutlich wie in Punkt 3. Im Blick auf Johannes 15,26 und 16,13 sowie 1. Korinther 2,13 hole ich etwas weiter aus. Die Worte des Herrn in Johannes 14,26; 15,26; 16,13a und b treffen in vollem Umfang nur auf die Jünger zu. In 14,26 geht es um die Erinnerung an alles, was der Herr ihnen früher gesagt hatte; das hat in den Evangelien seinen Niederschlag gefunden. Johannes 15,27 sagt dasselbe in Bezug auf das Zeugen; sie zeugen von Ihm, »weil ihr von Anfang an bei mir seid«. Das bedeutet nicht, dass andere nicht auch zeugen, aber der Herr hat hier insbesondere Seine Jünger im Blick, die Ihn begleitet haben. Das allgemeinere Zeugnis finden wir z.B. in der Apostelgeschichte. Gleiches gilt für Johannes 16,13a und b, wo der Herr über die Lehre und über die Zukunft spricht, die ihnen der Geist offenbaren würde. Den Niederschlag hiervon finden wir in den Briefen sowie in der Offenbarung. Natürlich können wir eine freiere Anwendung machen, mehr aber auch nicht. Auch wir können z.B. die Wahrheit kennen, aber dann nur aus der Schrift; genauso ist es auch mit zukünftigen Dingen.

Noch etwas über 1. Korinther 2,13; dieser Vers zeigt: Hier geht es um die von den Aposteln, insbesondere Paulus, empfangenen Dinge, die sie durch Inspiration und mit geistlichen Worten verkündet haben. Dies sind besondere Fälle, die wir nicht einfach verallgemeinern dürfen, was Ouweneel mit seiner Darstellung allerdings nahelegt.

8.3.3 lasse ich unkommentiert und komme zu Punkt 8.4.1: die Übertragung der *dynamis*. WJO sagt hier, diese »*dynamis* scheine (?!) gleichsam von dem Heilungsdiener auf den Körper des Kranken überzugehen«. Die Wirkung dieser Kraft sehen wir natürlich bei der in Lukas 8,43-46 genannten Frau, da sie das Gewand des Herrn anrührte. Ouweneel folgert nun, dass so etwas auch bei einem Heilungsdiener und einem Kranken geschehe. Wir sehen, wie er wieder vom Besonderen zum Allgemeinen hinübergleitet. Er argumentiert, dass, wenn so etwas über den Saum eines Kleides geschehen kann, es »natürlich« (man beachte das Wort!) auch über andere Berührungen möglich sei, z.B. über den Fuß.

Zum Beleg bemüht er Apostelgeschichte 4,30, wo die Jünger beten, Gott möge Seine Hand zur Heilung ausstrecken. Dort ist aber nicht das buchstäbliche Ausstrecken der Hand Gottes gemeint, sondern es ist nichts anderes als ein bildlicher Hinweis auf die wirksame Macht Gottes, genau wie wenn von dem Finger Gottes gesprochen wird. WJO überträgt dies nun auf die ausgestreckte Hand des Heilungsdieners, auch wenn dieser den Kranken gar nicht berührt. Also spricht er hier über das tatsächliche Ausstrecken der Hand eines Menschen. Wieder sehen wir das Hinübergleiten, von dem ich oben gesprochen habe.

Im Weiteren nennt Ouweneel das Beispiel von Petrus, dessen Schatten Menschen gesund machte, wenn er auf sie fiel. Mit Recht weist er darauf hin, dass es nicht der Schatten als solcher gewesen ist, der die heilende Kraft hatte. Er spricht aber doch davon, dass es »die unmittelbare Nähe« von Petrus war, die bewirkte, dass »Gottes Kraft von ihm auf sie herüberfließen konnte«. In der Geschichte von der blutflüssigen Frau war es Petrus, der die Bemerkung aussprach, dass so viele den Herrn berührt hätten. Ist dabei Kraft von dem Herrn auf sie übergegangen? Nein, aber bei der Frau wohl, weil sie Glauben hatte.

Auf S. 302 weist Ouweneel auch darauf hin. In dem Fall von Petrus ist bei den Menschen, die ihre Kranken auf Matratzen o.Ä. anbrachten, auch Glaube vorhanden gewesen. Den hat Gott beantwortet, indem Er Genesung schenkte; zugleich bestätigte Er mit diesen außergewöhnlichen Zeichen die Apostelschaft des Petrus.

Dann aber, ausgehend von Matthäus 8, bei dem Dienst eines Menschen vom Hinüberfließen der Kraft Gottes zu sprechen, ist ein schauriges Wort.

Verstärkt wird dies noch durch die darauffolgenden Ausführungen über die Gebeine Elisas (S. 265 Mitte). Ouweneel unterstellt, dass »in den Gebeinen des toten Elisa noch so viel *dynamis* übrig geblieben war«, dass der Tote, der in Elisas Grab geworfen wurde, dadurch wieder zum Leben kam. Bei einer solchen Aussage kann ich nur noch den Kopf schütteln. Als ob in dem Gerippe Elisas Gottes Kraft eingelagert gewesen wäre. Was für eine absurde Idee!! Das klingt schon fast wie Animismus oder Mystik.

Aber WJO geht noch weiter. Er behauptet, dass sich die *dynamis* in dem Körper des Heilers befinde. Diese Aussage allein ist schon sehr fragwürdig. Ouweneel aber geht weiter und sagt, diese *dynamis* könne »offenbar« auf materielle Hilfsmittel »übertragen« werden und so eine Heilung bewirken. Hierzu verweist er auf den Fall, dass Schweißtücher oder Schürzen von Paulus, auf die Kranken gelegt, die Krankheiten verschwinden ließen. Hierzu heißt es, dass Gott durch die Hände des Paulus außergewöhnliche Wunder tat. Paulus hat aber in diesem Fall jene Kranken nicht einmal berührt und seine Hände nicht gebraucht. Das beweist, dass es falsch ist, gerade auf das Anrühren, Handausstrecken u. Ä. so sehr den Nachdruck zu legen; tatsächlich hat Gott durch diese Zeichen nur Paulus als Seinen Diener bestätigt. Unser Bruder behauptet darüber hinaus, diese *dynamis*, die sich in oder an Paulus' Körper befand, habe »offenbar seine Leibtücher imprägniert«, sodass die Kraft von dort auf die Kranken übergehen konnte … Man stelle es sich vor: Die Kraft Gottes geht von dem Körper einer Person auf ein totes Materialstück über; dort bleibt sie – getrennt von der Person – eine Zeit lang enthalten, um dann irgendwann eine heilende Wirkung auf einen Kranken zu haben. So weit kann man kommen, wenn man, ausgehend von einer biblischen Aussage, durch rationales Argumentieren mehrere Schlussfolgerungen aneinanderreiht. Dann zitiert man am Ende sogar jemanden, der diese Vorgänge mit der elektrischen Energie vergleicht, die in einem Akku gespeichert ist! Siehe das Zitat auf S. 266.

Direkt nach diesem Zitat schreibt WJO, wenn es nicht in der Bibel stünde, würden viele Christen solche sogenannten Kontaktpunkte sicher als Aberglauben oder gar als okkult zurückweisen. Viele Christen weisen dies allerdings zurück, wie auch ich selbst, denn was Ouweneel hier vorbringt, steht nicht in der Bibel, sondern ist das Ergebnis menschlicher Argumentation.

Über das Anfassen des Radios haben wir schon gesprochen; ich erwähne es jetzt nur, weil aus Ouweneels Kommentar zu erkennen ist, dass er Maasbach offensichtlich unterstützt. Die Kraft Gottes soll also durch den Äther und sogar auch nach Ablauf einer gewissen Zeit übertragen werden – denn manchmal findet die Sendung ja auch erst später statt!! Wo steckte denn Gottes *dynamis* in der Zeit zwischen der Predigt und der Sendung?

Unter Punkt 8.4.2 geht WJO noch weiter auf das Übertragen der *dynamis* ein. Über alle dort von ihm genannten Beispiele könnte man etwas sagen. Am Ende läuft es darauf hinaus, dass Gott bestimmte Hilfsmittel angibt und eine bestimmte Bedeutung damit verbindet; nicht aber so, dass z.B. das Wasser des Jordan Gottes *dynamis* enthalte, sondern dass der Gehorsam Naamans dem Befehl Elisas gegenüber von Gott belohnt wurde.

Die Erfahrungen der Heiler, über die Ouweneel schreibt, belasse ich in seiner Verantwortung. Die Parallelen, auf die er in 8.4.3 hinweist, sind wichtig, und zwar deshalb, weil er selbst mit seinen Überlegungen für diese Parallelen sorgt. Nicht die Bibel legt diese Parallelen nahe, sondern Ouweneel selbst.

Die Punkte 8.5.1 und 8.5.2 übergehe ich jetzt, um mich nicht zu wiederholen. Zu Punkt 8.5.3 möchte ich aber etwas anmerken. Ouweneel sagt, der Heilungsdiener bete nicht nur, sondern gebe der Krankheit auch den Befehl, zu verschwinden. Hierzu führt er Jakobus 5,16 an. Dort aber wird keineswegs von einem Befehl gesprochen! Außerdem verweist er auf Apostelgeschichte 9,40, wo Gebet und Wort zusammenwirken. Diese Stelle sagt nur, dass der Diener (Petrus) betete – vielleicht, um Kraft vom Herrn zu empfangen; mit der Toten betete Petrus jedenfalls nicht. Im Blick auf sie sprach er nur einen Befehl aus, jedoch gebot er nicht dem Tod.

Die Stelle Apostelgeschichte 28,8 kann im Sinne Ouweneels

verstanden werden, der ja den Unterschied zwischen Heilung durch Gebet und Heilung in Ausübung der Gabe der Heilungen nicht anerkennen will. Paulus drückt hier im Gebet seine Abhängigkeit vom Herrn aus, anschließend erfolgte die Heilung durch das Auflegen seiner Hände. Bei einer Heilung in Ausübung der Heilungsgabe aber wird ein Befehl ausgesprochen; das zeigt den Unterschied zu Jakobus 5,16.

Die Behauptung, in Markus 16,17f. würden die Zeichen jedem Gläubigen verheißen, beruht auf oberflächlichem Lesen dieser Stelle. Das haben wir schon behandelt. Auch die Aussage, jeder Gläubige könne die Gnadengabe der Heilungen empfangen, beruht ebenfalls auf einer unbesonnenen Auslegung von 1. Korinther 12. Ob Ananias, der zu Paulus geschickt wurde, um ihm die Hände aufzulegen, ein »ganz normaler Bruder« war, wissen wir nicht. Dass er einfach nur ein Jünger genannt wird, sagt nichts über Gaben, die er möglicherweise gehabt hat. Im Übrigen handelt es sich hier ja um einen ganz speziellen Auftrag, den der Herr diesem Jünger erteilt.

Punkt 8.6.1 enthält einerseits wichtige Hinweise, die Tendenz des Ganzen geht ja doch wieder zugunsten der heutigen Heilungsdiener. 8.6.2 enthält nichts Neues, sondern bietet nur eine Wiederholung der unbiblischen Darstellung, die Heilungen im NT hätten nicht augenblicklich stattgefunden.

»Normale« Krankenheilungen werden nicht von »seltsamen Erscheinungen« begleitet; so etwas begegnet uns nur beim Austreiben von Dämonen, die ihre Opfer nicht sofort loslassen wollen. Wenn sie es dann doch tun, kann es von schreiendem Protest begleitet sein (s. Apg 8,7 und vgl. Mt 8,29; Lk 4,34f.). Wenn es aber um »seltsame Erscheinungen« beim Dienst Jesu geht, dann muss wohl der Fall des mondsüchtigen Knaben zum x-ten Mal herhalten. Andere Beispiele gibt es nämlich nicht. Auch dies ist in früheren Notizen schon ausführlich zur Sprache gekommen.

In Kapitel 8.6.3 bekennt Ouweneel, dass ihm 2002 von T.B. Joshua die Hände aufgelegt worden sind. (So steht es in der niederländischen Ausgabe auf S. 303. In der deutschen Ausgabe steht lediglich, dass Joshua für ihn betete.) Er hatte damals einen gewaltigen Anfall von Zweifel und Unglauben erlebt und danach prompt die schlimmste Erkältung seines Lebens bekommen. Sein Vertrauen auf Joshua ging aber so weit, dass er sich selbst die Schuld dafür zuschrieb, nicht unmittelbar gesund geworden zu sein. Danach aber hat er keine nennenswerten Klagen mehr gehabt. Hier beruft sich Ouweneel also total auf seine Erfahrung und seine positive Einschätzung. Ich frage: Ist eine Erkältung, von der man nach einer gewissen Zeit gesund wird, ein so gewaltiges Ereignis, dass man solche Schlussfolgerungen daraus ziehen kann?

Dass er sich von Joshua die Hände hat auflegen lassen, wurde mir schon früher erzählt, ich habe es nur nicht glauben wollen. Hier allerdings steht es schwarz auf weiß, und es lässt mich schaudern. Ich bete jeden Abend für Ouweneel, dass er von möglichen falschen Einflüssen befreit werden bzw. dass er sich selbst davon abwenden möge.

Denkmodelle über Heilung (Kapitel 9)

In Kapitel 9 behandelt Ouweneel verschiedene Denkmodelle über Heilungen. Die Seiten 285 bis 288 erfordern kaum, kommentiert zu werden. Nur zu S. 286 gebe ich eine Anmerkung; dort schreibt er, dass viele nicht an solche Dienste und solche Heilungen glauben. Solche Personen gibt es allerdings – aber es gibt auch viele, die sehr wohl an wunderbare Heilungen auch in unserer Zeit glauben, die aber große Zweifel haben angesichts der Wunder jener Heilungsdiener, die WJO im Blick hat.

Auf S. 287 berichtet er von der Auffassung Peter Tans, dass mittels Rundfunk und Fernsehen über Satelliten Millionen von Menschen durch ein und dieselbe Salbung, die jemand vornimmt, gleichzeitig gesund werden können – oder dass Millionen von Dämonen in vielen verschiedenen Ländern gleichzeitig hinausgeworfen werden können … Über solcherart »Übertragungen« der göttlichen *dynamis* haben wir im vorigen Kapitel schon geschrieben: Ich halte das für unmöglich.

Ich möchte hier nur die Frage stellen: Sind denn auch Millionen oder wenigstens Zehntausende auf diese Weise wirklich gesund geworden?

Außerdem werden bei dieser Auffassung auch die technischen Erfindungen der Menschen einbezogen. Warum wird dann aber der Gedanke, Gott könne doch den medizinischen Fortschritt benutzen, um Wunderheilungen überflüssig zu machen (sofern solche Mittel erhältlich sind) als »Unglaube« verworfen? (s. Punkt c auf S. 286).

Auf S. 288 wird unter a) – »alle Krankheit kommt von Gott« – eine viel zu einseitige Sicht der Dinge gegeben; siehe mein Kommentar zu Kapitel 3. Mit seiner Kritik an der Aussage in Punkt b) – »Krankheit ist ein Kreuz« – bin ich einverstanden, wie schon früher erwähnt. In Punkt c) geht es um den Gedanken, Heilungswunder seien nur in sehr bestimmten Zeiten vorgekommen; hier kann ich Ouweneels Kritik teilweise zustimmen, möchte aber dazu vermerken, dass mir die »deutlichen Tatsachen« in 4.1 und 2 bisher noch nicht begegnet sind. Bei Punkt 3 (S. 289 Mitte) stelle ich mir die Frage: Ist sich unser Bruder bewusst, dass sein Denksystem (wie es in Kapitel 8 so deutlich hervortritt) genauso falsch sein kann wie der Rationalismus, den er so kritisiert? Schließlich Punkt 4: Was soll man von der Technik halten, derer sich die Heiler bedienen (s. noch einmal die Auffassung von Peter Tan über Radio, Fernsehen und Satelliten [S. 287])?

In Kapitel 9.2.2 wendet sich WJO gegen Extremismus in pfingstlichen Kreisen und macht darüber zutreffende Ausführungen; was aber soll man von seiner *dynamis*-Lehre halten? Ist die nicht auch etwas extrem? Unter Punkt 9.3.1 geht Ouweneel sehr genau vor und gibt auch wertvolle Hinweise. Zu 9.3.2 ergänze ich, dass in manchen kirchlichen Kreisen tatsächlich paranormale Heilungsmethoden wie z.B. die von Magnetiseuren akzeptiert werden. In evangelikalen Kreisen sind solche Methoden oft entschieden zurückgewiesen worden. Bei der Behandlung dieses Themas geht Ouweneel auch vernünftig und sorgsam vor. Mit Punkt 9.4.1 bin ich allerdings weniger glücklich und zwar unter anderem, weil er hier William Branham zu Wort kommen lässt, der einer Irrlehre anhängt. Das ist aber nicht das Einzige, denn Ouweneel schreibt auch über eine gewisse von Heilungsdienern erlebte Hitzewirkung o.Ä., was sich wieder allein auf die Erfahrung anderer gründet und einen biblischen Beleg völlig vermissen lässt, denn ein derartiges »Sprühen« wird im NT nicht beschrieben. WJO muss solche Zeugnisse selbst verantworten; er tut das auch, wie aus dem verschiedentlich hinzugefügten Hinweis »Kursivschrift von mir« zu ersehen ist. Gleiches gilt für das, was er unter 9.4.2 über die Quelle schreibt, aus der Heilungen hervorkommen.

Kapitel 9.5.1 handelt von dem »Fallen im Geist«. Ouweneel beginnt, indem er sagt, angesichts des Vorangegangenen brauchten wir uns keine Sorge zu machen über bestimmte Erscheinungen, die anlässlich der Heilungsdienste zu beobachten seien. Ebendieses »Vorangegangene« nimmt diese Sorge aber überhaupt nicht weg, denn es besteht hauptsächlich aus Menschenmeinungen, nicht zuletzt der von WJO.

Was auf der Seite 306 steht, belasse ich ebenfalls in Ouweneels Verantwortung; ich frage mich aber, was da wirksamer war, als die Leute beim Vorbeigehen von Kathryn Kuhlman reihenweise zu Boden fielen. Worin bestand der Nutzen dieses Phänomens? Wurden diese Menschen durch die Botschaft Gottes so getroffen, und hatte diese eine solche Auswirkung auf sie? Offenkundig nicht – es war das einfache Vorbeigehen Kathryn Kuhlmans, das diese Wirkung hatte. Aus welchem Grund müssen wir nun annehmen, dass der Heilige Geist es bewirkt hat?

Die gleichen Bedenken habe ich bei den Berichten über das Umfallen der Menschen, wenn T.B. Joshua vorbeiging. Finden wir so etwas auch in der Bibel? Niemals!! Was ist der Nutzen dieses Umfallens? Wer wird dadurch verherrlicht? In der Bibel lesen wir zwar sehr wohl von Menschen, die auf ihr Angesicht fielen – aber weil sie in ihren Herzen getroffen waren, nicht etwa, weil ein Jünger an ihnen vorbeilief. Wir haben es in diesem Abschnitt einfach nur mit den Erfahrungen von Menschen zu tun; das wird auch deutlich aus der Fortsetzung von S. 307 und 308.

Im Blick auf das »Fallen im Geist« möchte ich auch auf meine Webseite verweisen, wo ich diese Frage in der Rubrik »Artikelen dubieuze uitleg« behandelt habe.

Unter 9.5.2 kommt wieder das »Zungenreden« zur Sprache; wieder verweise ich auf dieselbe Rubrik, und zwar auf den Artikel »Tongen – gewikt en gewogen« [dt. etwa: »Zungenreden – erwogen und gewertet«], worin alle Bibelaussagen zu dieser Frage besprochen werden. Zugunsten Ouweneels kann ich vermerken, dass auch er eine sinnlose »Brabbelsprache« abweist.

In 9.6.1 wird sehr vorsichtig über parapsychologische Einsichten gesprochen. Ich überlasse diese der Beurteilung des Lesers. Zu 9.6.2 habe ich allerdings etwas anzumerken. Die genannten Beispiele aus dem Buch der Sprüche über den Zusammenhang zwischen Seele und Leib sind natürlich bekannt; in der Praxis können wir etwas daraus lernen. Dass Glaube eine Heilung fördert, können wir wohl unterstreichen, ebenso dass der Zweifel diese behindert. Ouweneel weist dabei zurück auf seine in 8.6.2 beschriebene Erfahrung; ich nehme an, er meint 8.6.3, aber diese Erfahrung kann ich – wie dort schon erwähnt – durchaus nicht spektakulär nennen.

In der Fußnote 94 auf S. 313 erwähnt Ouweneel, er habe bei manchen Heilungen gesehen, dass Menschen während der »Geistberührung« in alle Richtungen umfielen. Wieder hebt er also ab auf das, was er gesehen hat; im NT finden wir aber nur das Nachvorn-, Auf-das-Gesicht-Fallen, und das auch nur mit klar erkennbarer Ursache. Zu Punkt 9.6.3 weise ich den Leser noch einmal auf meine Abhandlung über das »Fallen im Geist« hin.[10]

Krankensalbung (Kapitel 10)

In Kapitel 10.1.1 werden sieben Gründe aufgezählt, warum viele Gläubige Jakobus 5,14-16 heute nicht mehr anwenden. Als dritter Grund wird angegeben, dass Paulus diese Vorschrift nicht übernimmt bzw. anwendet und sie deshalb für uns nicht mehr gelte (s. weiter unten). WJO lässt sich durch diese Gründe nicht beeindrucken; ich auch nicht, obwohl ich für einige von ihnen wohl Verständnis aufbringen kann.

---

10 http://www.soundwords.de/artikel.asp?id=1592.

Zu Punkt 5: WJO spricht hier von einer »Gabe der Heilung«, meines Erachtens geht es in Jakobus 5 aber nicht um die Ausübung einer Gabe, sondern um Heilung aufgrund von Gebet. Dieser Unterschied wird – wie ja schon mehrfach erwähnt – von Ouweneel verworfen. Eine andere Sache ist, dass wir Jakobus 5 in solchen Fällen anwenden können, die Jakobus im Blick hat, und das sind nach meinem Urteil nur Krankheiten, die als Folge von Sünden auftreten; das hatte ich ja in meinem Vorwort schon gesagt.

In 10.1.2 sagt Ouweneel meines Erachtens zu Recht, dass es nicht um eine einfache Erkältung o.Ä. geht, sondern um ernste Krankheiten (S. 322 unten). Noch einmal schreibt er, dass die Hilfe eines Arztes keineswegs abzulehnen sei, dass man aber die Krankheit zuerst im Gebet zu Gott bringen solle. Auch mit dem Übrigen dieses Abschnittes bin ich einverstanden.

Es ist nach Ouweneel keine strenge Regel, dass die Initiative von dem Kranken ausgeht (Punkt 10.1.3). Insoweit kann ich dem zustimmen, dass die Ältesten den Kranken auf diese Möglichkeit aufmerksam machen können, dann aber muss die Bitte, die Salbung anzuwenden, von dem Kranken ausgehen. Mindestens aber muss der Patient mit dieser Behandlung einverstanden sein. In der Belehrung der Gemeinde können diese Verse natürlich allgemein zur Sprache kommen.

Auf S. 324 nennt Ouweneel die Möglichkeit, dass auch Sünde mit im Spiel sein kann. Ich möchte hier die Gründe angeben, warum ich glaube, dass dies mehr ist als nur eine Möglichkeit – und zwar:

- In Vers 15 wird als Bedingung genannt: Wenn er Sünden begangen hat, wird ihm vergeben werden; in Vers 16 wird die Reihenfolge allerdings umgedreht. Dort heißt es: »Bekennt denn eure Vergehungen und betet füreinander, damit ihr geheilt werdet.« Dort wird also das Bekennen der Sünden vorangestellt.
- Für Juden (s. die Adressaten des Briefes) war der Zusammenhang Krankheit/Sünde etwas Normales. Dass sie dabei manchmal zu weit gingen, sehen wir in Johannes 9,2. Die Jünger über-

nehmen dort die Theorie der Pharisäer, ein Kind könne schon im Mutterleib sündigen. Damit wird durchaus nicht geschmälert, dass der Herr den Zusammenhang zwischen Krankheit und Sünde in Johannes 5,14 feststellt und offenbar auch in dem Fall des Gelähmten in Matthäus 9,2, denn dort sagt Er zuerst: »Deine Sünden sind vergeben.« Dies dürfen wir beim Nachdenken über diese Verse nicht aus dem Auge verlieren.

- Die Tatsache, dass der Kranke die Ältesten der Gemeinde zu sich rufen soll, ist umso verständlicher, wenn er aufgrund von Sünde krank geworden ist. Dann muss nämlich auch eine Wiederherstellung seines Verhältnisses zur Gemeinde stattfinden.
- Jakobus erwähnt das Beispiel Elias. Dessen erstes Gebet bezog sich auf Gottes Züchtigung wegen der Sünde Israels. Erst in seinem zweiten Gebet ging es um die Aufhebung dieser Züchtigung. Also gab es dort ganz klar einen Zusammenhang mit Sünde.

Somit können wir aus der Tatsache, dass der Apostel Paulus diese Vorschrift des Jakobus in den Fällen seiner eigenen kranken Mitarbeiter (Trophimus, Epaphroditus, Timotheus) nicht empfiehlt, keineswegs ableiten, dass diese Vorschrift für uns keine Bedeutung mehr habe. Viel eher könnten wir vorsichtig (!) folgern, dass er dies deshalb nicht tut, weil in diesen Fällen die Krankheit eben nicht Folge von Sünde war.

Unter Punkt b) auf S. 325 weist WJO darauf hin, dass Glaube erforderlich ist – und zwar besonders bei den Ältesten. Weniger glücklich bin ich mit seiner Bemerkung, dies Gebet könne auch während der Gemeindezusammenkünfte stattfinden. Der Kranke soll die Ältesten »zu sich« rufen – das kann doch wohl kaum etwas anderes bedeuten als »zu sich nach Hause«; dies umso mehr, wenn wir bedenken, dass es sich, wie gesagt, um eine schwerwiegendere Krankheit handelt. Diesen Hinweis von WJO auf die Gemeindezusammenkünfte können wir zu der Reihe spekulativer Gedanken zählen, von denen er nun schon etliche vorgebracht hat. Auch bin ich – aus schon genannten Gründen – alles andere als begeistert darüber, dass er William Branham schon wieder zu Wort kommen lässt.

Zu Punkt b) auf S. 327 merke ich an, dass auch bei den Aposteln keine Heilung aufgrund von Gebeten stattfand. Das heißt natürlich nicht, dass sie für sich selbst nicht gebetet haben – z.B. um persönliche Kraft. Wir lesen allerdings nirgends, dass sie mit Kranken beteten, auch nicht in Apostelgeschichte 28,8. Somit bleibe ich bei meiner Unterscheidung zwischen Heilung aufgrund von Gebet und Heilung in Ausübung der Gabe der Heilungen.

Über die Kraft des Gebets hat WJO nützliche Gedanken, was er aber über das »Durcheinander-Beten« schreibt, überlasse ich ganz der Verantwortung von Derek Prince und seiner selbst, da er (WJO) diesen Gedanken ja unterstützt.

Auch John Wimbers 5-Punkte-Plan lasse ich so stehen – er enthält gute Gedanken.

Zur Bedeutung des Öls: Zu Ouweneels Gedanken hierüber füge ich noch hinzu, dass die Salbung mit Öl auch symbolisch auf die Wirkung des Heiligen Geistes hindeuten kann, durch die der Kranke gesund wird. Die Frage, ob wir das Öl zusätzlich zur normalen Therapie einsetzen, behandelt WJO angemessen und sorgfältig.

Abschnitt 10.3.3 enthält eine Wiederholung, wobei ich nur an meinen früheren Kommentar zum Thema »Ergebenheit« erinnere. Im Weiteren setzt sich WJO sehr einleuchtend mit dem Unterschied zwischen Krankheit und Leiden auseinander.

Ob alle Gesalbten gesund werden, hängt wiederum davon ab, was wir als Ursache der Krankheit ansehen. Natürlich gibt es auch für die betenden Brüder Voraussetzungen; auf den Seiten 336-337 trägt Ouweneel einige davon in gut nachvollziehbarer Weise vor. Wenn es aber um Krankheit als Folge von Sünden geht, und wenn dann die Sünde aufrichtig bekannt und im Glauben gebetet wird, dann glaube ich, dass auch Genesung folgen wird. Die Worte »der Herr wird ihn aufrichten« dürfen wir dann im vollen und absoluten Sinn verstehen.

Wenn ein Kranker um Salbung bittet, ohne dass Sünde im Spiel ist, können wir meines Erachtens nicht unbedingt davon ausgehen, dass die Anwendung der Salbung auch zur Erhörung und Heilung führt. Natürlich würde ich in einem solchen Fall eine Salbung nicht grundsätzlich ablehnen, aber ich würde wohl den Patienten warnen, dass die Salbung in diesem Fall durchaus nicht zur Heilung zu führen braucht.

Über die Voraussetzungen aufseiten des Kranken schreibt Ouweneel an sich wertvolle Gedanken. Einige der Bedingungen, die er unter 10.4.3 aufzählt, haben allerdings meines Erachtens nichts mit Jakobus 5 zu tun, obwohl auch dabei Bedenkenswertes angegeben wird.

Zu der Frage, warum Kranke nicht gesund werden, gibt Ouweneel zwar sinnvolle Hinweise; in Bezug auf den sechsten Punkt aber, wo es um das Überwinden von Flüchen geht, verweise ich auf meinen früheren Kommentar hierzu. Ich finde nirgendwo in der Schrift, dass es eine Auswirkung hat, wenn jemand über einen anderen Menschen irgendeinen Fluch ausspricht! Auch mit der Bemerkung von Victor Emenike kann ich mich nicht anfreunden. Wiederum vermisse ich hier die biblischen Belege. An eine Heilung zu glauben, obwohl die Krankheitssymptome noch da sind, und dann auch noch dafür zu danken, finde ich einfach unnüchtern.

Ouweneels Argumentation mit dem verzögerten Einsetzen der Heilung, wobei er vom Feigenbaum-Prinzip bzw. vom Lazarus-Prinzip redet, greift überhaupt nicht. Matthäus 21,19.20 zeigt, dass der Feigenbaum unmittelbar verdorrte und dass die Jünger dies sahen. Markus 11,20 sagt nicht, dass der Baum erst am nächsten Tag verdorrte, sondern dass die Jünger am nächsten Tag sahen, dass er verdorrt war, und zwar von den Wurzeln an. Nun kommen sie auf das am Tag zuvor Geschehene zurück, was sie (z.T.?) dann schon gesehen hatten. Ouweneel spielt hier die eine Stelle gegen die andere aus und liest dabei noch nicht einmal genau, was da steht.

Das Feigenbaum-Prinzip wie auch das Lazarus-Prinzip sind Erfindungen Ouweneels, aber nicht Prinzipien, die wir in der Schrift finden und die wir anwenden dürften, wenn Heilungen nicht unmittelbar stattfinden.

Gesamturteil

Ich bin am Ende meiner Notizen angekommen. Es war eine mühevolle Arbeit, und wer diese Anmerkungen liest, ohne Ouweneels Buch zu kennen, wird das Ganze wohl ziemlich verwirrend finden; das liegt aber zu einem großen Teil an dem Konzept des Buches und an dem häufigen Zurückgreifen auf früher Geschriebenes.

Ich möchte auch feststellen, dass ich selbstverständlich nicht behaupte, mit den hier vorgelegten Gedanken das letzte Wort über die Frage der Krankenheilungen gesprochen zu haben.

Wenn auch Ouweneel immer wieder gute Gedanken vorträgt, halte ich sein Buch nicht für eine gründliche Behandlung des Themas »Krankenheilungen«. Es enthält mehr Meinungen charismatischer Autoren und schwammige Schlussfolgerungen als saubere biblische Begründungen.

Die Gesamttendenz halte ich deshalb für schädlich.

Gerne gebe ich diese Notizen den Lesern zur Erwägung. Möge der Herr durch Seinen Geist und durch Sein Wort uns alle, auch Bruder Ouweneel, bewahren auf Seinen Wegen bzw. darauf zurückbringen, wenn wir davon abgewichen sind.

Allen Kranken möchte ich in ihrer oft so schweren Lage von Herzen Kraft wünschen. Hoffentlich werden sie vor bleibenden Enttäuschungen bewahrt, wenn möglicherweise in ihnen geweckte Erwartungen einer Heilung sich nicht bewahrheitet haben und sie beim Fortdauern der Krankheit auf sich selbst zurückgeworfen werden. Möge das Vertrauen auf den Herrn keinen Schaden nehmen. Er ist der Gott der Treue, auch in Zeiten der Krankheit und auch, wenn das Sterben naht.